U0010240

世界主題之旅 66

野性肯亞 的華麗冒險

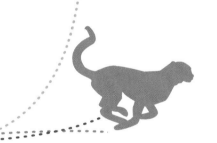

作者◎黃嘉文・吳盈光

太雅出版社

肯亞的魅力，去過就知道

「有那麼好玩？才隔了半年就去兩次？」一聽到我們再訪肯亞的計畫，朋友心裡的不可思議全寫在臉上。他們怎麼也無法理解，為什麼我們對這個國家的興致如此高昂。

因為，肯亞有其獨樹一格的魅力。

看不盡的野生動物，以無垠的原野作為舞台，如動畫電影《獅子王》一般的史詩氣魄，就在這片非洲大地活生生地上演。來到肯亞的原野，就彷彿走進動物星球頻道的畫面裡頭，你總是有機會看到這群動物的真面目——不是關在動物園裡面那種的，而是那些完全發揮動物本性、在屬於牠們的地盤上自食其力，不折不扣的野生動物。

於是，你會期待看見獅子咬著一大塊肉作為戰利品、看見牛羚成群結隊闖越河道義無反顧的氣魄、看見樹下蟄伏伺機出擊的獵豹、看見一群大象頂著超大噸位排山倒海而來的震撼……，這樣的經驗是動物園無法提供的，即使是電視上的珍貴畫面，也無法如實傳達現場的驚喜。

此外，肯亞的趣味是很獨特的，它和國人常去的歐洲美加紐澳中日韓東南亞都有明顯的不同。一般的熱門景點，常常是以美麗的風景、特別的建築作為號召，不過肯亞除了壯闊的風景之外，更有充滿生命力的動物，就算是同樣的地點，多走個幾趟的話，也會因為動物來來去去，而呈現完全不一樣的景況。

「可是……非洲耶，去那裡不是很熱嗎？」長年以來失敗的地理教育，害得大家以為非洲只有撒哈拉沙漠。事實上，肯亞的氣候並沒有那麼可怕，雖然說有赤道通過，不過高原地形讓氣候清爽不少，反而台灣的夏天還比較悶熱一些。

有人耽心非洲很危險。這點我不完全否認，畢竟肯亞首都奈洛比的治安確實是出了名的糟。不過志在看野生動物的觀光客，通常只會短暫過境奈洛比，所以這點也還好。至於野外的動物危險嗎？我覺得那些劫財索命的壞人才比較危險，最起碼野外的動物多半不會主動攻擊人，但是壞人卻會。

怕體力不夠好？那也無妨，反正走訪肯亞一趟，全程根本走不到幾步路，加上飯店裡的豪華餐點，一不小心多帶幾公斤體重回家才是問題。

若是憧憬自助旅行的隨性，卻又害怕自己打點旅程中眾多瑣事的話，更可以考慮一遊肯亞。只要具備簡單的英語能力，一個人包下一輛車自由地跑遍肯亞都不成問

題。不要覺得不可能，我們真的見過不少外國的年輕女孩一個人搭獵遊車趴趴走。

而且，從台灣到肯亞只要轉機一次。長程飛行是比較累人沒錯，不過和歐洲相比的話，飛往肯亞的距離反而還比較近呢！

基於上述種種理由，我們迫不及待地想把肯亞旅行介紹給更多人。只是坊間關於肯亞的資料並不是很多，於是在第一次造訪肯亞之後，就有了著手編寫這本書的構想。為了在書中呈現更豐富的內容，我們索性假外出取材之名，堂而皇之再去一次。

喜歡到世界各國旅行的話，在你的旅行地圖中絕對不要漏掉肯亞。如果只是因為不熟悉這個國家而錯過了，那絕對是遺珠之憾。

因為，肯亞的魅力，走過一趟就知道。

※本書得以完成，承蒙加利利旅行社蔣繼義先生、余遠舜先生，及肯亞VISIT AFRICA公司惠予協助，特此誌謝。

作者簡介

黃嘉文

家庭醫學科醫師。開始工作之後，就展開一發不可收拾的搬家生涯，從台灣頭住到台灣尾，一步一腳印體會各地的風土民情。認為生命是一段探索的過程，行萬里路是為了豐富生活的內涵。喜歡旅行及攝影，期待透過影像傳遞世界之美，藉此讓人們珍惜所在的環境，進而在混亂的世局中依然保有盼望。譯有醫學書籍數本。

吳盈光

家庭醫學科醫師。足跡遍布歐、亞、非十餘國，為了追求夢想，曾毅然放下工作近一年，前往東南亞擔任國際志工，並多次參與偏遠地區義診。大學時代即開始寫作，認為「愛」是文章的靈魂，可以讓一本書活起來，希望能藉著文字，將美善的事物帶給這個世界。著有小說《安寧病房殺手勿進》、《逃城謎情》。

盈光　　嘉文

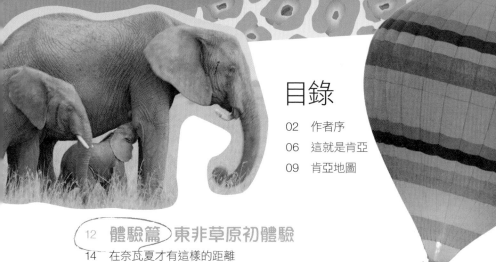

目錄

這就是肯亞

肯亞和歐洲不一樣，

來肯亞旅遊，對它的歷史和地理不瞭解

倒不是太重要。

畢竟看活跳跳的動物和觀賞有深度的古老建築相差很多，

在東非的土地上，就算對歷史背景一無所知，

只要對動物的差異和行為有所認知，

就可以玩得很過癮。

肯亞在哪裡

肯亞Kenya

非

洲

　　提到非洲，大部分人的反應都是：「哇！那裡一定很熱。」白天的陽光確實很強烈，但是位在赤道上的肯亞，入夜之後卻會轉為涼爽、有時候甚至還會覺得冷。因此自從19世紀以來，肯亞不但是歐洲人過去狩獵、現在看動物的地方，更是避暑勝地。跑到赤道上避暑，乍聽之下簡直莫名其妙，但卻是事實。1,500公尺左右的平均高度是成為避暑勝地的主要因素：地理常識告訴我們，這樣的高度，溫度會比海平面下降將近攝氏10度，乾燥的氣候也使得夜晚更加清涼。

　　非洲最高峰吉力馬札羅山的海拔5,895公尺，位在坦桑尼亞(Tanzania)境內、肯亞的邊界附近。非洲第二高峰肯亞山在肯亞境內，一樣有超過5,000公尺的高度。這兩座山和赤道的距離都不算太遠，但因為高度夠高，因而造就了山頂上終年白雪皚皚的奇特現象。向東往印度洋岸接近，地勢一路下降，到了濱海地區的蒙巴薩等地，漸漸轉為比較有赤道感覺的炎熱濕潤氣候。肯亞普遍而言是比較乾燥，但是氣候其實頗為多樣，從北邊的山布魯到南邊的馬賽馬拉，就可以見到從沙漠一路轉為草原的景觀變化。

　　位在赤道上的特殊位置，也使得赤道通過的主要道路旁，幾乎都立起了標誌，告訴遊客這裡可以玩「左腳北半球，右腳南半球」的遊戲，周圍店家也都有利用「科氏力」確定赤道位置的絕活(詳情請見第132頁)。此外，造訪肯亞絕對不會錯過的地理景觀，莫過於東非大裂谷。這個幾乎把非洲一分為二的大地標，由北而南貫穿肯亞西部。裂谷以西是濕潤肥沃的高原，以東是中部的高地，這些地方也是非洲重要的農業區域。

　　東非大裂谷的內部是肯亞旅遊的重要據點。除了從山上俯瞰裂谷的壯闊景觀之外，重要的湖泊如納庫魯湖、奈瓦夏湖皆位於此，肯亞西南部距離裂谷不遠處，更有個欣賞野生動物的重鎮馬賽馬拉。至於距離遙遠，一般觀光客不會前往的極北部，有個面積不小的圖卡納湖，在這附近曾經發現推測為150萬年前留下、如今命名為「圖卡納男孩」(Turkana Boy)的骸骨。這點是否能作為肯亞是人類發源地的證據，其實有待商榷，不過也許，北肯亞乾燥沙漠地帶的某處，真有著遠古人類留下的故事呢！

烏干達

索馬利亞

肯亞

坦桑尼亞

印度洋
Indian Ocean

蒙巴薩 Mombasa

山布魯
Samburu

肯亞山 Mt. Kenya

甜水
Sweetwaters

阿布岱爾
Aberdare

奈洛比 Nairobi

納庫魯湖
Lake Nakuru

奈瓦夏湖
Lake Naivasha

安波西里 Amboseli

吉力馬札羅山
Mt. Kilimanjaro

馬賽馬拉
Masai Mara

恩格羅恩格羅
Ngorongoro

塞倫蓋堤
Serengeti

維多利亞湖
Lake Victoria

● 城市　▲ 高山

□ 動物保護區／國家公園

肯亞的故事

　　有史可考的過去，可以追溯到西元前2000年，古實語系民族從當時開始，就由北部非洲陸續遷徙而來，接下來的數千年間，來自非洲各地的民族也相繼遷徙至此。直到西元8世紀，因著地緣之便，阿拉伯人來到沿海地區從事貿易，甚至定居於此，建立起許多帶有伊斯蘭文化的商業城市。其中蒙巴薩是貿易頻繁的主要城市，遠從中國而來的鄭和亦曾來到此地。葡萄牙人於1498年初次來到肯亞，之後占領沿海地帶。

　　歷史進入海權時代之後，歐洲列強對於殖民地的爭奪幾乎波及整個非洲，19世

紀末，德國與英國介入東非地區的爭奪。隨後英國勝出，肯亞成為「英屬東非」。為了殖民地的開發，以蒙巴薩為起點，連結肯亞與烏干達(Uganda)的鐵路也在此時修築。這段期間，英國人自印度引進大量勞工，其中許多勞工後來定居肯亞。原為鐵路中繼站的奈洛比，後來更發展為肯亞首都。

　　1920年，英國正式宣稱肯亞為殖民地，同時確立了「肯亞」這個名字。直到二次世界大戰之後，非洲各地相繼爭取獨立，肯亞人也歷經長年的奮戰，在漫長艱苦的過程之後，終於在1963年宣告獨立，結束了英國的殖民統治。今天進出肯亞的門戶奈洛比國際機場，就以當年帶領肯亞獨立的首任總統喬莫肯亞塔(Jomo Kenyatta)命名。

　　今日的肯亞，除了種植茶葉、咖啡作為經濟的命脈，觀光也成為這個國家頗為重視的一環。至於觀光的重點項目，當然就是分布在各個國家公園的野生動物。自18世紀以降，全世界的自然環境遭受空前破壞，其中當然也包括肯亞動物的棲地。

　　獵人捕殺動物謀利，又讓野生動物的處境雪上加霜。不過肯亞對於自然保育的積極也由來已久，早在1947年，就在奈洛比近郊設立全國第一座國家公園，1977年更宣布全面禁獵。如今數十處國家公園、國家保護區分布各地，棲息其中的野生動物在保育政策下得到喘息機會，牠們在大自然的土地上奔馳的景象，也成為世界各地觀光客造訪的絕佳理由。

東非草原初體驗

大草原上無鮮事，
甚麼體驗都叫驚艷，
甚麼景觀都說壯觀！

一生如果能有一次機會來東非，
不要錯過每一次的體驗，
每一次的讚嘆和感動。

在奈瓦夏 才有這樣的距離

用過晚餐，慢慢走回下榻的房間。入夜之後，晚風吹來格外清涼，一點也不讓人覺得這是位在赤道上的國度。

「Jambo！」迎面而來的飯店員工熱情地打招呼。來到肯亞，首先一定要學會這個史瓦希利語單字。「Jambo」，就是「你好」的意思。入境隨俗，學著用對方的語言回應問候，也算是一種國民外交。

夜晚的天空烏漆摸黑，小徑旁的微弱燈光隱約照著返回房間的路。遠遠地看見幾位警衛坐在路旁聊天，不過說實在話，他們黝黑的膚色在夜裡還真的不是那麼容易分辨。當我們走近一看，發現這不得了，每個人的手上都帶著工具，像是弓箭、長矛、斧頭、槌子之類的。

喂，什麼年代了，又不是要去打石器時代的戰爭。「帶這些東西……會不會太誇張了？」飯店警衛需要帶這些武器？來之前是聽說過肯亞有些地方的治安不好，不過也應該是像奈洛比這樣的大都市，怎麼會連奈瓦夏湖這種沒住多少人的鄉下也不得安寧？況且若是真有壞蛋闖進來的話，這些武器也無濟於事吧？

小心！河馬就在你身邊

「不會誇張啊！」警衛答得一派輕鬆。「白天你們有沒有看到湖裡面那些河馬？到了晚上，牠們就會上岸找吃的，還會跑進來飯店這邊逛大街喲！」我們瞪大了眼感到不可置信。警衛又接著說：「要不然等一下我指給你們看好了，眼見為憑，你們才不會說我亂講。」

「真的？河馬會進來這裡面？」

「不相信的話，待會兒看看就知道。」

本來以為他們說著玩的，後來一想，白天check in 的時候，**飯店經理確實有交代過，晚上如果要離開房間，要記得先撥電話給**

大白天盡在泡澡，只露出眼睛和鼻孔瞪著你看，
我們是河馬家族，最愛一起行動。

總機請警衛同行，絕對不可以單獨外出。那時候覺得很扯，「有那麼嚴重嗎？」，
事實證明，真的就是那麼嚴重。

　　從餐廳到房間有一段頗長的距離。夜裡幾乎沒什麼光線，非得要依賴警衛手
上的手電筒才看得清路。走著走著，警衛忽然把手電筒往右邊的草叢一照。

　　「喏，看到了沒，河馬在那裡。」

　　「……」

　　看到了。一隻大塊頭真的就出現在距離沒幾
步的地方，在樹下悠哉悠哉地吃著草，無視於迎
面而來的手電筒光線。姑且先不管警衛到底怎
麼知道黑暗裡頭藏了一隻河馬，那樣的龐然大
物真的爬上岸，而且竟然走了那麼大段路來到
飯店裡頭……怎麼想都覺得很不可思議。

　　竭盡所能抓穩了相機，在極為有限的光源
下，拍下正在吃草的這隻河馬，明知會手震我
也不管了，要是打閃光燈嚇到牠的話，天曉得接
下來會發生什麼事。想當然耳，那天晚上我們回
到房間之後，立刻鎖上門，再也不敢外出了。

扛起武器，準備打仗去。

天啊！飯店裡真的有河馬！

坐船獵奇趣，果然是肯亞

大半夜在草叢裡摸黑吃草的河馬，白天幾乎都是泡在水裡的。也就是說，我們白天可能已經和那隻河馬照過面了，在湖面上的某處。

湖邊的遊艇碼頭。

從飯店房間到湖邊，說近不近說遠不遠，大概是徒步10分鐘的距離。以河馬的速度走這段路不曉得要多久？生物的本能卻驅使牠從湖裡爬上岸，走了這一大段路，來到飯店裡的草地上大快朵頤。光是想像這段過程，就令人不得不驚嘆於動物行為的奇妙。

來到奈瓦夏湖，一定不要錯過乘船遊湖這個重點活動。當然囉！坐船這件事情本身是沒什麼了不起啦！在日月潭就有好幾種船可以坐，可是奈瓦夏湖的 boat trip，當然不只是搭遊艇繞湖面一圈這麼簡單，更重要的差異在於，日月潭能看得到的就是風景，奈瓦夏湖裡頭還有一大堆野生動物。

我們搭乘的是大約可以載5至6人的遊艇。一開始，駕駛發動引擎就耗了老半天，害我們一度懷疑這船究竟是不是可靠？所幸最後順利繞湖一周，最起碼還不必動用什麼道路救援之類的。

引擎順利啟動之後，我們往湖心航行。「Hippo over there, see it?」出發後不久，駕駛指著某個方向說。

「……」我們看著如鏡般的湖面，心裡嘀咕著 Hippo 在哪裡啊？ (Hippo就是河馬)

盯著湖面看了好幾秒後，才好不容易發現河馬的眼睛和耳朵。對，只有眼睛和耳朵。說真的，實在不是我們要怪這些河馬誠意不夠，大半個身子都泡在水裡頭，只露出一小部分在水面上，這樣是要我們怎麼看啊？

赤道地區的大太陽下，河馬白天根本不想上岸，就一整天泡在水裡，懶洋洋的。

「可以再靠近一點看嗎？」

「Oh, no no no no no.」運將連忙解釋，他已經盡量靠近，但真的不能

再更靠近了，以免遭遇不測。河馬畢竟是危險的動物。

　　河馬危險？這點和我們以前的認知似乎有段差距。

　　是這樣的，河馬雖然是草食性動物，不過性情其實頗為兇狠暴躁，並不像外觀看來那般笨重遲緩。在非洲，每年都有不少人遭到河馬攻擊致死的記錄。據說，如果河馬從陸上要回到水裡的途中受到阻擋，還會凶性大發。

　　因此為了保命，我們暫且接受只能看到河馬眼睛耳朵的事實，所謂保持距離，以策安全。不過當下還真令人覺得有些幻滅，小時候看到動物園裡的河馬，或是卡通裡的河馬，都讓人覺得這種動物應該是溫和而可愛，天曉得肯亞人眼中的河馬完全不是那麼回事。

　　所幸望遠鏡與相機的長鏡頭幫了大忙。雖然是隔著一段距離看，還是可以盡賞河馬的各種表情：睜大眼睛的、閉目養神的、張大嘴打呵欠的、全家大小一起出動的……

庭園就像野生動物園

　　幸好不是所有動物都像河馬這麼危險，那裡遇到的動物，多半都算溫馴。

　　「哇！好漂亮的鳥！」進到房間，首先訝異於裡面寬廣的空間。而後發現後門

大家快坐好，鵜鶘老師要開始上課了。

的落地窗外，全身藍得發亮的鳥旁若無人似地在地上停憩。

別問我那是什麼鳥，以前生物課的動植物辨識就很不擅長，更不用說是非洲這些和台灣完全不同的動物種類了。

但是，就算不知道牠的名字，卻無損我們欣賞的興致。或者應該說：不知道名字又何妨？在肯亞，即使只是眼前匆匆一瞥就飛過的小小鳥，都擁有鮮明色彩裝飾而成的絢爛外表。讓我們讚嘆不已，這無疑是天地之間華麗的傑作。

走出房間，一大片樹林延伸到湖畔。乍看之下很平常的樹林，走近之後發現別有洞天。好幾匹馬，好幾群長頸鹿，自顧自地吃草吃樹葉，縱使我們已悄步走到牠們跟前。

「長頸鹿和馬有什麼稀奇的？動物園裡頭不就有了？」

是沒錯啦。不過您應該同意，罐裝水蜜桃和現採水蜜桃看起來似乎一樣，吃起來味道就是不一樣對吧？去肯亞看動物也像這樣。野生動物看起來是沒有特別了不起，不過直接登門拜訪牠們的家，欣賞這些動物在原生環境自由奔馳的

奈瓦夏的清晨，天空很藍，陽光很美。

樣子，比看動物園裡關起來的，奇檬子就是差很多哪！

在這樣的鄉間，走著走著就會和這些動物迎面相遇。長頸鹿轉過頭來，一度大眼瞪小眼之後，牠們又回過頭若無其事地繼續吃樹葉。沒有柵欄，沒有解說牌。只不過畢竟是我們踩在牠們的地盤上，基於作為客人的身分，總是少不了一些必要的作客之道。

這作客之道其實不複雜，簡言之，「尊重」二字而已，和人與人之間的相處之道差不多。只要不是緊迫盯人的樣子，保持適當的安全距離，這裡的動物絕對可以任你看個夠。

來到肯亞，要學習當一個友善的觀察者哦！

奈瓦夏湖面如天空一般廣闊。

獵遊，
馬賽馬拉最正點

「到肯亞如果沒到馬賽馬拉，就等於沒去過肯亞。」

這句話倒不是哪個知名偉人說的，而是我們自己說的。不過也許這句話哪天真的變成肯亞旅遊的至理名言也說不定。

「你們看，我們在出去獵遊的時候看到的獅子！」說這話的是一位來自夏威夷的退休作家，一邊指著數位相機裡的獅子照片「現寶」，我順手接過相機來，看看這位夏威夷大叔拍到的獅子。哇！是公獅子沒錯，果然擁有一頭漂亮的鬃毛，雄赳赳氣昂昂。

說來也真巧，第一次前往肯亞準備入境時，排隊通關等了將近一小時，那時排在我們前面的正是這位作家和他太太，因為等太久，回過頭來攀談的時候認識的。兩天後，經過漫長的車程來到馬賽馬拉，在餐廳裡正巧又遇到了，原來他們和我們住在同一家飯店。

美麗光束從天而降的大景，我們在馬賽馬拉天天看到。

「我們今天也有看到喔！不過只有看到母的而已。」像這樣的晚餐時間，和陌生人分享當天看到哪些動物，大概可以說是馬賽馬拉特有的樂趣。這裡的飯店，甚至會在大廳準備一大本筆記本供遊客簽名塗鴉，寫下「我們今天看到很多動物喲！像獅子、大象、花豹……」之類的記錄，順便讓沒看到花豹的其他遊客覺得扼腕。

國家公園門口養了一隻巨羚。

今天看到哪些動物，都可以記在這本筆記本與其他遊客分享。

行家必訪的動物大觀園

間隔還不到6個月，我們在同一年當中兩度造訪肯亞。除了出入境一定經過的首都奈洛比之外，唯一一處兩次都前往的地方就是馬賽馬拉。理由很簡單：因為那裡值得一去再去。放眼望去，草原上視線完全不受遮蔽，好似可以在其中盡情奔跑的感覺。這樣的寬闊，相當符合我過去對非洲的印象。而馬賽馬拉的動物種類又遠比其它地點豐富，每一次的獵遊行動，必定會出現怎麼看也看不完的動物、快門按到手軟的美景。

第二次前往肯亞的時間是8月份，這時候造訪馬賽馬拉又多了一個理由：動物大遷徙。成千上萬的牛羚冒著生命危險排隊過河的壯觀場面，吸引全球各地的遊客前來，使得8月前後成為肯亞旅遊的大旺季，旅館甚至一床難求。

「如果還有機會再來肯亞，你們打算怎麼規劃行程？」帶我們逛奈洛比的Jim問道。

我想了想，「從頭到尾都待在馬賽馬拉。」奇怪嗎？好不容易經過十幾個小時的飛行，卻只玩一個定點，這確實不太符合台灣人的旅行習慣。但是事實上真的有人這樣安排，至少那對夏威夷夫婦就是這樣，以前已經來過肯亞的他們，這次就在馬賽馬拉住了整整1星期，完全有別於我們這種常常在趕路的行程。那天在機場等待入境的時候，他們就剛從波札那 (Botswana, 一個位在非洲南部的國家) 飛抵奈洛比機場。這兩位行家亮出護照上的多次簽證，準備直奔此行的唯一目的地：馬賽馬拉。

馬賽馬拉位在肯亞的西南邊境，和坦桑尼亞境內的塞倫蓋提相鄰，分別處於兩個國家境內的這兩個國家公園連成一氣，成為一處範圍廣闊的草原地帶。這裡可以說是肯亞與坦桑尼亞的野生動物保育重鎮。

但是前往馬賽馬拉可不簡單。位於邊境，意味著前往當地的路程很長。第一次前往馬賽馬拉的前一天，司機Jeremiah和我們約定時間：「早上8點出發。」行

大象過馬路，車輛請稍候。

還沒進入國家公園，就已經可以看到大批湯氏瞪羚，在草原上活躍的奔跑。

前資料裡頭有提到，前往馬賽馬拉的路會比較顛簸。

哪裡只是顛簸而已！走完這一趟，全身骨頭簡直要重新排列組合啦！

逛完大觀園，誰還想逛動物園

一開始是狀況還不錯的柏油路，漸漸地路況愈來愈差。黃沙滾滾，就算關著車窗，塵土還是難免從縫隙飄進車內，**有些路段車子甚至是以左傾45°的角度前進**，神奇的是竟然沒翻車。到了最後那段滿是大大小小碎石的山坡，甚至令人懷疑，這段真的是「道路」嗎？還沒到達就已經灰頭土臉。

不過接下來的景象，讓我們很快忘了一路坐車被「按摩」的痛楚。

「羚羊！是羚羊！」經過4個小時的車程，終於來到馬賽馬拉國家公園附近，一片大草原出現眼前，豁然開朗。還沒進入國家公園園區，草原上奔跑的好大一群斑馬、羚羊，讓附近幾部獵遊車已經等不及打開車頂拼命拍照。

斑馬、羚羊其實都算是草原上最常見的動物，如果在那裡多待幾天的話，甚至會看到不想看。不過看見牠們在這樣寬闊無際的草原上，

冠頂鶴

而不是在走沒幾步路就會撞牆的圍欄裡，總是會令人心裡燃起一股想和牠們一樣奔馳的熱血奔騰。

在那當下，我已產生自己會有很長一段時間不想逛動物園的念頭了。

進入國家公園大門時，Jeremiah 把車頂打開，一路上在車裡被悶著的感覺，頓時因為頭頂上的藍天而變得開朗。草原的氣息隨之飄進車內，拿著相機的手躍躍欲試，隨時待命準備拍下動物奔馳在草原上的畫面。

繼續上路之後，不到10分鐘。

「那邊好像有什麼。」Jeremiah 一面說，一面將車駛進一條小路。

一群獅子！

時間已是下午1點，一大早出發趕到這裡，還沒到飯店，還沒吃午餐。但，相形之下這些事情都不急啦！一把抓起相機，從打開的車頂探出頭，開心地迎接在非洲大地上與獅子的初次見面。

兩隻母獅，好多隻小獅。大部分懶洋洋地趴在樹下休息，眼睛瞇成一條線，一點也看不出「百獸之王」的威風。這也難怪，獅子大部分時間其實都在休息，何況在這樣的大太陽底下，當然是躲在樹下納涼。其中幾隻精力旺盛的小獅，圍著母獅跳上跳下，看起來像極了頑皮的小貓。

在這裡只有獵遊才新鮮

「哇，那裡那麼多車子，是怎麼回事？」十餘輛獵遊車聚在一處，直覺告訴我們，一定是有「大咖」的動物在那裡，最起碼是獅子或獵豹這種等級的。

用相機狩獵更環保

初次聽聞「Safari」這個史瓦希利語單字，其實是因為蘋果電腦推出的網頁瀏覽器就叫做這個名字，這個字原本是「遠行」的意思。不過在肯亞，這個字其實有完全不同的意義，特別常用於肯亞境內的各種觀賞動物行程。有人直接音譯為「殺伐旅」，聽起來頗像是19世紀時，扛著獵槍去叢林打獵，有沒有一種「殺伐」的感覺？不過，在這保育漸受重視的21世紀，肯亞早已宣布禁獵。不帶槍，改帶相機去打獵，儼然成為新時尚。

有此一說

果然沒錯。「獅子在那裡走,看到了嗎?」司機指著遠遠的方向。

透過望遠鏡好不容易發現。口中啣著不知道什麼動物的一頭母獅,堂而皇之在草原上晃啊晃的,找個好地方享用大餐,遠遠地還可以看到剛吃完沒擦嘴的血盆大口。

盯著獅子看的同時,附近的其它獵遊車上不時傳來快門聲。這些年來,數位單眼相機變得普遍,**放眼望去什麼高檔鏡頭都有,長焦大砲一字排開,活像是一場軍備競賽。**

「哇!好漂亮的鳥。」這次看到的是冠頂鶴,和許多非洲鳥類一樣,擁有鮮豔的毛色、華麗的外型。真不知道在猛獸飛禽四伏的東非大草原,這些鳥類的醒目外觀,會不會反而讓自己陷入重重危機?

1隻、2隻、3隻,冠頂鶴接連飛來站在路旁。不管靜靜站著,或是展翅的時候,姿態都是那麼優雅。

「啊,牠們要飛走了。」

「要追上去嗎?」Jeremiah問。

「可以嗎?那就追吧!」

追逐著低空飛行的冠頂鶴，獵遊車在草原上勉強開出來的道路奔馳。從打開的車頂探出頭來看著前方，感覺就彷彿尾隨著冠頂鶴飛行一般，自由而愜意。(什麼？還要像鐵達尼號裡頭演的那樣把雙手展開？您想太多了。)

「喔……斑馬啊！」像斑馬、羚羊這類動物，在草原上算是極為常見，常見到什麼程度呢？簡單來說，後來再看到這些動物時，連拿起相機都覺得意興闌珊，除非有什麼特別的畫面，像是斑馬互毆、倒在地上裝死之類的。嘿！這種特殊畫面還真的讓我們遇到了哩！果然在這樣廣大的空間裡，動物數量一多，牠們之間的互動也顯得特別有趣。

在馬賽馬拉，總有新鮮事。

就算運氣糟到繞1個小時看不到幾隻動物，大草原的壯闊也是值得好好品味的。平時生活在地狹人稠的台灣，很少有機會感受什麼叫做真正的「一望無際」。但是在馬賽馬拉就可以。草原本身、壯觀的雲層、染紅半片天的日落，只要按下快門，想要拍張漂亮風景照，並非難事。

那天，我們甚至看到一道大半圈的彩虹，從地面的一端劃過天空直達另一端。換上超廣角鏡頭拍下這畫面的當下，我心裡確信，生活在這空間裡的人們，心一定也是寬廣的。

玩家分享

搭獵遊車在原野上找動物，這是肯亞眾多獵遊方式之中最普遍的一種，當地稱為「Game Drive」。一般搭乘的獵遊車，外觀長得和普通箱型車並沒有太大差別，不同之處在於車頂是可以整個打開的。只要挑個好地方停下來，不必下車，站在車內就可以環顧四周，不必受到車窗所限制，視野絕佳。這麼一來便能在安全無虞的前提下，盡情欣賞動物之美。

非洲大地的 驚嘆號

　　雖然所費不貲，不過既然大老遠來到馬賽馬拉，就不想錯過登上熱氣球，從空中俯瞰草原的機會。這會是畢生難忘的體驗。

　　清晨5點鐘，天未亮，剛被飯店的 morning call 叫醒，仍然睡眼惺忪。走出門外，抬起頭還可以望見布滿天空的點點星光。不禁停下腳步多看了幾秒，畢竟平時在都市裡，根本沒機會見到這樣純淨的星空。

　　飯店大廳裡已經有不少遊客等著，他們也都起了大早準備來坐熱氣球。「要不要喝點咖啡，還是茶？」飯店人員走近問道。「喔，不用了，謝謝。」這樣回答倒不是客氣，而是因為接下來幾個小時都在草原上空，那裡可沒有廁所耶！不過話說回來，看著其他也在等候的遊客，不少人這時候還大口大口地灌水，難道老外的膀胱真的比較強？

熱氣球升空前的困難坐姿。

稍微等待之後，便搭車前往準備起飛的地點。和半年前一個熱氣球孤單飛行的情況相較，8月份的旺季果然場面更熱鬧，起飛點的地上鋪著3個熱氣球，不管從空中、從地面，都更有機會見到眾球齊飛的場景。

朝著曙光的方向啟航

開始點火。一旁的工作人員一邊解釋搭乘時的注意事項，總之就是起飛與降落的時候要坐好，以免發生危險之類的。在這同時，空氣加熱使熱氣球漸漸膨脹，遠方的天邊也漸漸露出魚肚白。

「趕快！要登上熱氣球了！」加熱一段時間後，工作人員急忙將大家趕上熱氣球。不過這次有點怪怪的，竟然是在籃子還在半倒狀態時，用往後倒的坐姿爬進籃子裡？「這要怎麼爬進去啊？」「唉呦！坐這個樣子，難道背包裡的東西不會掉出來嗎？」這樣實在很不符合人體工學耶！

還好這個奇怪姿勢不必維持太久。隨著氣球繼續膨脹、從地面浮起，不久後終於把籃子拉起，轉為正常的角度，準備起飛。

草原上，長頸鹿孤獨的身影與熱氣球的影子。

　　飛起來了。雖然已經不是第一次搭乘熱氣球，即將開始飛行的心情還是一樣興奮。朝著地面上的工作人員揮揮手，隨著地面愈來愈遠，視野也跟著拉高。很快地，眼前盡是廣闊的藍天與草原，遠方的地平線形成一道美麗的弧度。

　　「看那邊！」太陽從東方天空的雲層鑽出，剎時間光芒四射，點亮了整個草原。熱氣球上的12位遊客，不約而同地用各自的語言發出讚嘆的驚呼。

　　太陽起床了，動物也起床了。早晨的馬賽馬拉，是個熱鬧的動物樂園。

　　「大家快看河裡面，裡頭有好多隻河馬！」熱氣球駕駛一邊操縱，一邊告訴大家哪裡有精彩的畫面。起飛不久之後飛過一道河，河裡出現的是我們這趟飛行途中看到的第一種動物。在奈瓦夏湖看到的河馬多半只有眼睛和耳朵，**這裡看到的河馬很多則是只有露出背部，從空中看下去像極了漂在水面的香腸。**

　　大清早就懶洋洋泡在水裡，這點倒是不管哪個地方的河馬都一樣。

　　飛過河流，飛過樹林，換個角度從空中看，就有機會看到許多地面上看不到的好風景。

　　「有幾輛車停在那裡，怎麼回事？」

　　「大概看到什麼大咖動物了吧？」

　　「說不定有人正在樹下方便？」

這時我們忽然想到，像是去看牛羚渡河的時候，往往是一整天都在外面。不過那麼長一段時間，中途難免要找個方便的地方吧？草原上沒有廁所，只好找個隱密處就地解決。這時候除了要注意前後左右，看看有沒有閒雜人等之外，可別忘了一併留意上方，因為說不定正好有熱氣球飛過，而熱氣球上那些長焦鏡頭的背後，有好多隻眼睛等著要捕捉精彩畫面呢！

雖然這麼說啦！只可惜這精彩畫面並沒有真的讓我們遇到就是了！

牛羚和斑馬混雜在一起，在遷徙的路徑上排成綿長的一條線。

堂堂河馬哥，誰敢説我們像是漂在水面的香腸？

難得一見的黑犀牛。

鳥瞰草原 風景大不同

「有好多牛羚在排隊，就是在左手邊那個方向，黑色一點一點的，看到了嗎？那裡已經算是坦桑尼亞了。」駕駛指著遠方。每年8月份前後，是牛羚遷徙路程中經過馬賽馬拉的期間。令人覺得神奇的是，牠們當中彷彿有著不為人知的秩序，這麼多動物自動排成一線，往固定的方向前進，反倒是人類排隊等上車、等買票的時候，都還會想插隊、爭先恐後。

遷徙路程上一路排隊的牛羚，遠遠地看過去，變成好多黑色的小點，串起成為綿延數十公里，好長好長的一條線。

從地圖上看來，我們確實是沿著肯亞和坦桑尼亞的國界飛行。也多虧了駕駛的好技術，我們最後沒降落到別的國家去。不過對這些動物來說，國界對牠們卻是一點意義也沒有，動物往來於肯亞的馬賽馬拉與坦桑尼亞的塞倫蓋提之間，奔跑在一眼望不盡的草原上，大地就是牠們的家，無論是在國界的哪一方。

「羚羊！」「大象！」「長頸鹿！」1小時左右的飛行途中，幾乎是每隔不到幾分鐘就會看到一群動物。從空中看草原上追逐的羚羊，那當下感受的是旺盛生命力的感動。大象依然成群出現，大塊頭的體積，就算在廣大的草原上，依然是難以忽視的存在。偶爾看見落單的長頸鹿，修長的身影在周圍空無一物的地方，顯得格外寂寥。

平安降落，榮獲「熱氣球搭乘證書」！

「趕快看，接近樹林的地方有隻黑犀牛！」因為數量少到瀕危的程度，黑犀牛在非洲五霸裡頭，算是相當不容易見到的動物。「今天我們真幸運！」駕駛微笑著說。連他都認為幸運的事，可見這一幕畫面有多難得了吧！

兩次到馬賽馬拉都搭過熱氣球，兩次遇到的駕駛看起來都是一樣溫和，或許正因為每天飛行在這樣廣大的空間裡，看盡天地間的無限寬廣，因而能夠擁有如此的好脾氣吧！

飛行高度漸漸下降，不久後即將降落。下降途中，我們又看見另外一群牛羚，以及躲在牛羚群裡，混水摸魚的幾匹斑馬。像是捨不得即將結束這趟愉快的飛行似的，即將著陸之前，大家都還抓著相機繼續拍照，試著捕捉飛行途中的每一個片刻。

「準備著陸囉，為了安全起見，請大家坐下，並且抓好把手。希望大家今天飛行愉快！」依照駕駛的指示坐下抓穩握把，熱氣球平穩地回到地面。著陸之後，熱氣球的籃子又轉為半倒狀態，我們也回到起飛前的那個怪怪姿勢。

來個草原早餐超有Fu

「Cheers！」

或許是那裡的慣例吧？只要熱氣球飛行結束之後，駕駛一定會開香檳與大家共享，慶祝這趟飛行順利完成，平安著陸。我們每個人也都領到駕駛頒發的「熱氣球搭乘證書」，當作是到此一遊的證明。

「早餐在這裡吃？Cool！」哈，不只是早餐和餐桌椅，連廚師都一起運到草原上了呢！他們在草原搭起了廚具，現場煎個omelette(西式蛋餅)，讓大家就算不在餐廳，也能夠有熱呼呼的餐點可以享用。平時在草原上獵遊都不能夠下車，這次不但下了車，甚至還可以在草原上吃吃喝喝。清晨的微風相伴，

早餐之前，熱氣球駕駛開香檳慶祝飛行成功。」

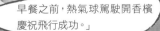

坐擁綠地看藍天，人生的享受莫過於此啊！

「Hello！你們來自哪裡？」大家在長長的早餐桌上排排坐，這麼一來，也讓我們有機會和來自其它國家的遊客交談。一切的話題，當然就從打招呼開始，然後聊聊自己的國家，聊聊為什麼來到肯亞，並且分享各自拍到的漂亮照片。

能夠想到在熱氣球飛行之後，安排這樣別開生面的早餐，不得不佩服這些老外真的很懂得享受生活。雖然說，菜色不像在飯店用餐時那麼豐富，不過種類也算是不少了。在這個沒有圍牆的餐廳用餐，環顧四周盡是無邊無際的視野，這早餐吃起來也就變得更可口了呢！

遠遠勝過任一景觀餐廳的用餐環境，無價。

玩家分享

心痛但值得的體驗

馬賽馬拉的熱氣球之旅，價格並不便宜，卻是一項值得嘗試的體驗。清早由專車接送至起飛地點，大約上午6點半起飛，約1小時的航程中，可以欣賞到大草原的日出風光，並且體驗從空中觀賞動物的樂趣。降落之後，更可以在草原上享受一頓別具風味的早餐。這些都將成為一生難忘的旅行記憶。

各大飯店都設有搭乘熱氣球的櫃台，一般在傍晚接受隔日行程的報名，每人費用約450美元。因應清晨的天氣變化，搭乘時建議攜帶禦寒薄外套與遮陽帽。

多浪漫啊！在非洲草原慶祝結婚周年。

阿布岱爾
森林之旅

很多人對肯亞旅行的疑慮，多半在食衣住行上圍繞，譬如：

「去非洲？一定很辛苦，要走很多路吧？」

「在非洲一定吃得不太好喔？」

類似這樣的問題，足可編成一部「肯亞之旅FAQ」。令他們意外的，上面兩個問題的答案都是「No」，在肯亞通常是坐在車上看動物，所以事實上根本不需要走什麼路；至於飯店的飲食方面，則是餐餐大魚大肉，光是香腸就同時有牛肉雞肉豬肉3種口味任君挑選，只差青菜少了些就是。

天天過著這種養豬似的生活，要是養成像大象或是犀牛的塊頭那可就麻煩。於是乎，來到阿布岱爾，一看到飯店提供了自費行程「Forest Safari」，二話不說就報名參加了，希望可以藉此消耗連日來累積的熱量，順便到平常沒機會進入的森林走走。

只是散步，也要提槍上陣？

報名的同時，還要填寫一份切結書，內容大概就是明白這個行程的危險性之類的，一時之間，讓人感覺煞有介事般地恐怖。不過這點無礙眾遊客探險的決心，既然都已經大老遠從世界各地來到這裡了，本來就應該多走走多看看，於是報名參加的名單很快累積到十餘人。

下午3點準時在飯店門口集合，當中甚至有人特地穿著接近卡其色的服裝，還有帶著登山杖的，真是有備而來。

「要進到森林之前呢，嗯咳，請大家先學我這樣做：把褲管塞到襪子裡頭……」嚮導站在寫著「無嚮導請勿擅自進入」的入口標誌

前強調著。要大家這樣做的用意,是因為森林裡的螞蟻很毒,甚至可能從腳底一路爬到腿上,被咬到的話肯定要紅腫癢個好幾天。

照著嚮導指示把褲管塞進襪子之後站起一看,哇哩咧,**嚮導旁邊竟然站著一個穿著迷彩裝、手上拿步槍的警衛**,這哪裡只是去森林逛逛,根本就是準備打仗的裝備嘛!

「大家準備好了嗎?我們要進去森林囉!」嚮導吆喝著。

連軍裝步槍都出動了,我們接下來要去的到底是什麼鬼地方啊?

走著走著,來到一處地面上丟著好幾塊骸骨的地方。

這裡剛發生兇殺案?總覺得空氣中瀰漫著一股推理小說般的氣氛。

「唔⋯⋯這個呢,是水牛的頭骨啦!」嚮導拿著手杖敲敲最大的那塊骨頭,一

邊霹靂啪啦講了一串話,大意是說為什麼水牛的骨頭會擺在這裡,不外乎動物之間的弱肉強食這類的原因。另外不忘附帶一句:這個森林看似平靜,不過還是有潛在危險性的,所以才會需要有人帶槍跟著。

原來那些骨頭,是擺著當作教學用的。事實上,這森林散步的重點倒不在看動物(阿布岱爾的飯店房間就可以看動物了),而是實地踏進森林,看著動物與自然界的力量在森林裡留下的痕跡。

話說回來,如果真的在途中遇到獅子花豹之類的動物,恐怕大家也都會當場嚇壞吧!

「大家再看看地上這東西,黑黑的,一顆一顆的,這是什麼?」嚮導自問自答。「咖啡豆?不是啦,這是動物的糞便。」意思是說不要看到長得像咖啡豆的東西就想帶回家沖泡(好冷的笑話)。

嚮導一路上為我們做著有趣的說明,像是隨手抓了隻螞蟻說明為什麼一開始要把褲管塞進襪子、某棵樹上有個1950年期間肯亞內戰時用來躲人的洞窟、藤蔓植物生長時呈現的螺旋在南北半球方向相反……範圍從動物、植物,一路跨越到地理歷史。看起來不過是樹木叢生的森林,裡頭倒是很不簡單。

森林裡的螞蟻,非常毒!

記得把褲管塞進襪子裡,以免遭螞蟻偷襲。

輕鬆一下，來個森林下午茶

這趟行程也安排了一份驚喜。「我們為大家準備了一份下午茶，就在這裡享用，大家請坐！」就如馬賽馬拉搭乘熱氣球之後的草原早餐一般，森林裡的下午茶也是一次好特別的經驗。

看到森林裡早已準備好的座位，以及座位前的咖啡杯，不由得再次感嘆：**這些老外真是太懂得享受了！**因為深入森林，所以下午茶的內容沒辦法弄得太豐富，只有一塊蛋糕、一杯咖啡。不過還是老話一句，重點是氣氛，是氣氛啦！

或許是怕大家光顧著吃東西太無趣，嚮導趁著大家排排坐的時候開始講起古來了：

「接下來呢，咱們就從阿布岱爾鄰近的肯亞山談起。大家知道吧，肯亞山是肯亞最高的一座山，我們國家會叫做肯亞，也是因為這座第一高峰的關係！可是在100年前還是英國殖民地的時代，肯亞的領地還包括吉力馬札羅山那一帶，後來因為某些原因，包括吉力馬札羅山的那部分，就被改劃分到坦桑尼亞那邊去了。如果國家的名字早個幾十年確定的話，今天的肯亞應該就不會叫做肯亞，而會叫做『吉力馬札羅』……」

喂！不要讀到打瞌睡，這個可是人家津津樂道的歷史耶！只不過，回國後我特地上網搜尋，卻一直遍尋不著和這段歷史相關的資料，所以到底是真有其事還是純屬嚮導鬼扯，我也不曉得，就姑且當作是一段軼事好了。

除了是一趟知性的行程之外，森林裡有著都會生活沒機會體驗的自然氣氛，一株古木、一道林間落下的陽光，都是天然而美麗的畫面。再加上難得在森林裡享用下午茶的機會，就算英語聽力不好，對嚮導的解說一知半解，也還算是值得一遊的行程。

只可惜，原本期待可以藉著森林散步消耗些熱量，卻因為這頓下午茶而破功。

坐露臺喝咖啡，看動物真悠閒

看過動物的足跡，也用過下午茶了，那……怎麼都沒有動物啊？

當然有！只不過在阿布岱爾看動物的方法不太一樣。

阿布岱爾的森林環境，並不適合搭獵遊車進入，不過每個地方總能找到最適合當地的方法。像是在阿布岱爾幾處知名的飯店，包括英國女王登基時住的樹屋(Treetop)，造型獨特的方舟(Ark)，以及我們住的Serena，都採用同樣的方式：在飯店前挖水池，以吸引動物前來，然後遊客就可以在房間裡看到動物。

在阿布岱爾看動物，不必出門。

「就這樣而已?」呵呵,耽心這種定點的方式看不到什麼動物嗎?

才不會呢!別小看了這個水池,在肯亞這個相對乾燥的國家,就算是森林地帶,水池一樣可以吸引許多動物前來。而且既然是定點,不必跑到外面曬太陽,所以在飯店每個房間的陽台,或是每個樓層的觀景台,就可以看到不少人悠哉悠哉地坐著,點了杯咖啡,什麼事也不做地看著動物發呆。

「大象帶著小象來喝水耶!」

「咦?那兩隻水牛要打起來了!」

玩家分享

森林散步體驗

「Forest Safari」是由專業的嚮導帶隊,徒步進入森林繞行一圈,價格不算便宜,不過一想到可以深入森林探險,腦海裡立刻浮現叢林野戰的那種氣氛,當下就決定砸下這筆費用了。也許就某些程度來說,相對於馬賽馬拉熱氣球每人450美元的高價,森林散步每人30美元的價格,感覺上就顯得親和許多。

來喝水的動物一多,動物之間的互動也就更有看頭。兩隻水牛不曉得為了什麼原因,竟然當著我們這麼多觀眾的面前打起來了。唔,這些動物也有血氣方剛的時候。

不同於野外 Game Drive 搭著車到處跑到處看,在阿布岱爾看動物的方式,顯得更為悠閒愜意。

晚餐時間一到,在陽台看動物看一整個下午的大夥兒,紛紛來到餐廳享用豐盛的餐點。忽然間,燈光一暗,工作人員一邊唱著歌,一邊帶著蛋糕從廚房走出來。

「Jambo,Jambo buana,⋯⋯哈庫那瑪塔塔!」聽起來這應該是肯亞的歡迎歌。工作人員的隊伍繞行餐廳一圈,最後到我們這一桌。原來和我們同桌的一位英國大嬸過生日,所以飯店特別安排了這一份驚喜。

事實上,那天正好也是我們的結婚紀念日。雖然我們沒有特別告訴飯店這個特別的日子,不過既然碰巧同桌,在這個歡樂的氣氛中,我們也同享這一份意外的祝福。

山布魯 曠野追獵 行動

「喔耶！獅子在那邊，看到了嗎？」Paul指著數公尺外的矮樹叢説。

「哪裡啊？沒看到啊。」

「在那裡啊，樹下一點白白的東西就是了，那是獅子的肚子。」

「哈？」你嘛幫幫忙，就那麼小一點，按呢你也看得出來？

雖然聽不懂我們私底下嘟嚷些什麼，不過Paul一定知道，這個獅肚皮不要説我們看了不滿意，連他自己也覺得，找了老半天卻只看到這個的話，實在太扯。所以他暫且拋下這隻正在睡覺、只露出白白肚皮的獅子，繼續往其他地方找一隻比較「完整」的動物。

山布魯國家公園的範圍裡，荊棘遍布，到處是低矮樹叢，對動物來説是個躲藏的好地方。只是這麼一來，雖然棲息在山布魯的動物並不少，真要看到卻沒那麼容易。

「發現什麼了嗎？」Paul和其他車司機交談了幾句之後，隨即加足油門狂奔。顯然是有什麼值得一看的動物出現，依照往例，最起碼是像獅子這類的，當然囉，如果是花豹、獵豹這類第一特獎級的，那就更棒了。

「他們説另一隻獅子起床了啦！我們也去看看。」Paul 説。睡覺的獅子只露出肚皮，如果是已經起床在散步的，應該就比較有機會看到完整的形貌。

來到司機指出的地點，一樣是個長滿低矮樹叢的區域。因為司機之間的通風報信，此刻已經有好幾輛獵遊車等在這裡。

雖説低矮，實際上大約也比獵遊車稍高一些了，所以獅子還是很容易藏匿其間。因為不曉得獅子到底走到哪個角落，於是司機開著車慢慢環繞這塊區域，一邊繞，一邊找。

山布魯動物保護區的大門口。

「在那裡！」好不容易從樹枝縫隙看到移動的身影，獅子起身走動了！

其它原本按兵不動的獵遊車也開始移動，大家都在試著找尋一個看得到完整獅子的好角度。於是乎，**就在那一瞬間，在場所有引擎全部發動，車輛啟動的同時，滾滾灰塵揚起，**使得樹叢周圍乍看之下就像是F1賽車場一樣。十幾輛獵遊車開始追著一隻獅子跑，引擎聲此起彼落，讓人不由得跟著血脈賁張起來。

肯亞北部有機會見到的索馬利鴕鳥。

幾乎每輛車裡的遊客都站起來了，鄰近車上的喀嚓喀嚓快門聲、此起彼落的驚呼交談，全部聽得一清二楚。「看到後腳了！」「我看到尾巴！」照這對話內容聽起來，恐怕大家看到的都不是完整的獅子。

「獅子又躲回樹叢了！」……殘念。

總結這場曠野追獵行動的戰果：半隻獅子，以及另一隻獅子的肚皮。另外附加一幕難得一見、十幾輛車追著一隻獅子跑的滑稽景象。

前進荊棘之地

在肯亞所有觀賞動物的景點當中，山布魯位在比較偏北的位置。在我們的第二次肯亞之行，下飛機之後就從奈洛比直奔此地。大約5、6個小時的車程，一路走來氣候逐漸變化，和初訪肯亞時去過的奈瓦夏、馬賽馬拉等地相較，差距顯得更大。

乾燥是山布魯氣候最大的特徵，不過還沒達到沙漠的程度，而是介於沙漠與草原之間的「半沙漠」狀態。雖然有不少高度兩公尺左右的樹叢，更多的卻是長不出葉子的荊棘。

「看到那裡有個好高的沙堆嗎？那個是螞蟻窩啦！」Paul 繼續指著這地方特有的景觀。遠遠看去似乎只是堆高了的沙土，可是稍微靠近，看起來感覺又像是一座小山，山上有無數個小山洞，彷彿裡頭別有洞天。**這個高度可達2公尺以上的蟻丘**，就這樣立在這個半沙漠地帶，荊棘叢之間的一處空間。

很難想像，那樣小的螞蟻，竟然可以築出如此龐大的巢穴。巢穴內部，想必就是從入口開始層層分枝，擁有眾多通道房間的複雜結構。天曉得這個蟻丘裡頭到底藏了多少螞蟻，如果全部跑出來在路上趴趴走的話，那場面一定不光是恐怖二字可以形容的。

乾燥地帶常見的蟻丘，高達2公尺。

乾燥的環境，一年累計下不了幾滴雨的地方，對人而言並不是舒適的居住環境，卻有另一群動物在此棲息，而且以我們意想不到的方式，在這地方安身立命。走訪肯亞期間，看到動物界不可思議的現象，總是令人不由得讚嘆大自然的智慧。

人間處處有溫暖

設立在國家公園內的飯店，對這個環境也有因應之道。建築物的外觀不是千篇一律的水泥方格，而是在色澤上融入當地景觀，屋頂除了遮陽外，也達到良好的通風，於是正午太陽最強烈的時候，仍然可以在裡頭舒適地睡個午覺。

此外，飯店在餐廳前挖了一座水池，這座水池在這麼乾燥的地方，就成為吸引動物的最佳誘餌。於是一邊用餐的時候，也可以看到水池旁聚集了前來喝水的動物。清早天剛亮，大批珠雞從各個方向聚集，排排隊到水池邊喝水。喝完了又整隊離開，然後緊接著又有一群鳥飛來喝水。彷彿各種動物之間早已排定時間表似的，準時前來，準時離開，我不免好奇，是不是這些動物之間，其實正用著我們不知道的方式在互相溝通？

就好像眾家獵遊車之間的聯繫一樣。雖然這群司機分屬不同旅行社，但是在這樣一個荒郊野外，公司鞭長莫及的地方，他們無論如何必須互相合作。所以司機如果看到什麼稀奇的動物，一定透過手機、無線電等方式，昭告同一區域的其他司機，藉由互相通報，讓遠到來訪的遊客盡可能看到更多的動物。

「你們先在車上等一下，我去看看他們需不需要幫忙。」Paul 向我們表示，可

動作快，我來把風。

獵遊車上都有備胎，以及各種修車工具，以備不時之需。

能會在這地方耽擱一下。這次遇到的狀況，是有一輛車陷在沙坑裡動彈不得。

「沒關係的，你去幫忙吧！」不光是看動物需要一些運氣，車子會不會在野外出狀況，往往也是機率問題。所以碰到這種狀況，來到這裡的遊客都可以諒解的，畢竟當有一天要是自己搭的車子出狀況，也會需要別人的幫忙。

經由「運將聯播網」的放送，愈來愈多獵遊車過來幫忙。基於安全理由，遊客不下車，留在車上看著這群司機如何讓車子脫困。看起來他們常常遇到這狀況，所以處理起來還挺熟練的，不過也花了些許時間。

「準備……衝！」經過一番折騰，在眾多司機幫忙，眾多遊客一邊祈禱之下，那輛車總算順利脫困。

現場同時響起了如雷的掌聲。

大家都來看花豹

提到司機之間的通風報信，最經典的莫過於河邊見到的那一幕。

雖然說是河邊，事實上卻是一條乾涸的河道。發源自肯亞山西側的埃瓦索恩

吉羅河(Ewaso Ng'iro)流經山布魯，成為這個乾燥地帶的重要水源。不過不曉得是不是因為正逢乾季，還是因為氣候變遷的影響，我們只看到見底的河道。有些司機甚至開著車從河底直接跨到對岸，Paul說這樣其實很危險，運氣不好的話又要陷在沙地上。

在山布魯的最後一次Game Drive，原本覺得看不到太多動物，正準備返回飯店，Paul卻又轉回河道的方向。

「他們說花豹出現了。」真的嗎？花豹比獅子還不容易看到，如果在離開山布魯之前看到花豹，那可真是值回票價了。

玩家分享

沙漠印象

說到荊棘，雖然說「披荊斬棘」之類的成語平時使用的機會並不少，不過說到以往見到荊棘的經驗，還真是想不起來。既然這樣，那我們怎麼會一看到就知道這是什麼植物啊？想來想去還真覺得有些奇怪。想必是因為過去讀過的書、看過的照片吧？長年生活在溫暖濕潤的國度，反而讓記憶中沙漠的景觀印象更深刻。此刻真正來到這樣一個乾燥的地方，那一瞬間與長年累積的印象一拍即合，於是亟於在此地找尋、印證記憶裡的一切。

「是不是那裡啊？好像有幾輛車子在那。」Game Drive的時候，找動物的準則之一，就是如果有其它獵遊車停下的地方，通常表示看到了些什麼。停著的車子愈多，表示看到的動物愈稀奇。

在眾家司機呼朋引伴之下，來到河道旁的獵遊車不是一、兩台，也不是5、6台。而是滿坑滿谷，好幾十台！

「太誇張啦！這根本就是把整個山布魯的車子全部集合到這裡了嘛！」我猜想，山布魯的其它地方此刻應該已經沒半輛獵遊車了吧？就在這個地方，河道的兩側擠滿了車，車上的遊客也都站起來了，人手一管長焦大砲。

大老遠地，就在河道中央，一隻花豹慢條斯理地挖土、喝水。

花豹抬起頭，看看四周，咦？怎麼那麼多觀眾啊？沒辦法，誰教花豹是天生的明星啊！

只要有幸看到花豹，這趟旅程就已值回票價了。

納庫魯，到處都是紅鶴

　　「什麼！7個小時！」這麼長的車程想到就覺得累。從馬賽馬拉到納庫魯，又是一段路況不太理想的超長距離。之前進入馬賽馬拉的路上，我們已經領教過那種一路要被按摩到終點的路況，只是當初怎麼進來，這時候就得怎麼出去，因此我們仍然必須早早起床，吃飽一點再上路。

　　在車上醒了又睡，睡了又醒。眼看兩旁的房子愈來愈密集，我知道即將抵達目的地了。納庫魯是肯亞的第四大城，且位在肯亞境內的交通要道上，因此鄰接的道路應該會維持一定的水準。愈是接近納庫魯，顛簸的路況就愈少見。偶然間，路上的某一樣東西吸引了我們的注意。

(圖片提供／加利利旅行社)

　　「你看那個路燈!」「哇，紅鶴耶!」一整排紅鶴造型的路燈，用最熱情的方式歡迎訪客，同時宣告：納庫魯到了!

　　納庫魯湖算是肯亞旅遊的一個重點區域。旅遊資訊只要提到這裡，一定會放上一張湖邊滿滿都是紅鶴的照片，這種畫面可以說是納庫魯湖的招牌景觀了，也難怪鄰近的納庫魯市區，連路燈都要做成紅鶴的造型。

　　7個小時的車程是挺折騰的，不過一進入這整個都是紅鶴圖騰的城市，卻讓我們忘了一路的疲累，等不及想趕快去看真正的紅鶴了!

納庫魯市充滿了紅鶴造型的路燈。

進飯店check in 的時候，服務人員直接遞上熱毛巾，這是許多飯店都會有的習慣，不曉得是不是和某些地方糟糕的路況有關。一路上揚起的沙塵，沿著車窗縫隙飄進車內，就算坐在車內也會變得灰頭土臉。接過熱毛巾擦擦臉，頓時精神百倍，立刻迫不及待要好好欣賞此地的一切。

　　用過遲了2個小時的午餐，休息片刻，正好到了最適合觀賞動物的傍晚時分。我們再次跳上獵遊車，帶著相機狩獵動物去。

有水就有動物樂園

　　在普遍乾燥的肯亞，納庫魯湖的水造就了此地豐富的生態系。包括紅鶴在內的多種水鳥、魚類、藻類，以及眾多浮游生物，加上陽光的作用，各種生物之間的食物鏈，形成複雜的網路。

度假村的大門,也以「紅鶴」為號召。

　　「看到紅鶴了!好多,好壯觀!」一接近湖邊,藻類、浮游生物、水鳥的排泄物所產生的異味撲鼻而來,其實那道並不是很好聞。不過眾多水鳥擠在湖邊的壯觀景象,卻又令人感到興奮。當中最多的水鳥是紅鶴與鵜鶘,牠們的叫聲不時傳來,一大片白羽毛成為湖邊無法忽視的存在。

　　數大就是美,這句話在此地可以找到最好的詮釋。

　　「我們繼續去其它地方看看囉!」Jeremiah準備再帶我們到附近找動物。原本我還想,既然已經看到湖邊擠滿水鳥的畫面,這樣應該算是達到前來納庫魯湖的目的了吧!

　　不過我發現自己錯了。一開始是我太小看了納庫魯,以為這裡不過就是個水鳥很多的地方,事實上湖邊有的不只是多到誇張的水鳥,大量水

飯店牆上的掛圖,畫出了納庫魯湖的生態結構。

源的存在，也讓多種動物樂於
棲息在這個環境。

「白犀牛！」Jeremiah 指著。

這麼一提，我都差點忘
了，來到肯亞這麼多天，
都還沒看到白犀牛呢！
湖邊的草原上，外觀顯眼的
白犀牛，只要出現了就很難錯
過。牠和大象一樣屬於體型比較大的動物，如果從背後看過去，一時之間說不
定還會誤以為是大象，不過從側面看的話，就可以輕易分辨了。

前端微微彎曲的犀牛角，是犀牛的招牌特徵，然而這特徵卻也讓犀牛的族群
陷入危機。自古以來，人們迷信犀牛角的神奇作用，並且為此大肆捕殺，導致今
天不管是黑犀牛、白犀牛，都變成是瀕臨絕種的動物。

以犀牛的體型而言，乍看之下或許覺得是凶猛的動物，但是那時候我所看到
的，不過只是一隻安靜吃著草的大塊頭。如此看來，和為一己私利而不惜犧牲
動物性命的盜獵者相較之下，真正凶猛的究竟又是誰呢？

雖然有些感慨，一方面卻也慶幸，在這裡又看到非洲五霸的另一成員了。希望
當人們對環境的重視愈加提升的同時，這群動物也可以繼續在這片大地安身立
命。

花豹一現身，所有獵遊車蜂擁而至。

非洲五霸終於到手了

所謂「非洲五霸」(Big 5)，
是人們所稱的 5 種代表動
物，如果大老遠來非洲一趟，
卻沒有完整看到，那麼一定
會覺得有些可惜吧！我開始
回想，從第一天踏上非洲開
始見到的：在奈瓦夏湖先看
到非洲水牛，一到馬賽馬拉

就看到一群獅子，草原上接著又看到大象，在熱氣球上看到地上跑的黑犀牛，剛剛又在湖邊看到白犀牛，非洲五霸當中已經看到四霸。(黑犀牛和白犀牛加起來只占五霸中的一個名額)

只差一個花豹。

納庫魯這一站是我們第一次肯亞之行的最後一次Game Drive，而花豹又是很不容易見到的動物，所以所剩不多的機會，我也不指望就能看到，不過在那當下，我們還是期待會有奇蹟出現。

「那，接下來我們就去找花豹吧。」Jeremiah説。

當真？還是説説而已？

車上的無線電持續傳來我們聽不懂的史瓦希利語，眾家司機之間通風報信些

從餐廳走回房間，好長的一段路。

什麼我們當然不曉得。不過Jeremiah加快油門，似乎是已經知道某個地方有什麼精彩畫面。

車子在樹林裡停下，已經有好幾輛車等在那裡。

花豹現身了！懶洋洋地趴在倒下的樹幹上，儘管一動也不動，不過在場所有人還是快門按個不停。

花豹一向以動作敏捷著稱，不但可以高速奔跑，甚至會游泳、會爬樹。當牠趴在樹幹上不動的時候，身上的斑紋儼然成為保護色，當我們到達那個地方的時候，我第一時間倒是沒覺得哪裡特別，看了一會兒才發現，原來藏了一隻動物明星。

看起來這隻花豹對周圍這麼多車子也不以為意。我猜想，只要一出現就眾人圍觀，這花豹大概已經很習慣成為眾人矚目的焦點了吧！

花豹能成為明星，絕對不光是因為不容易看到而已。牠的鮮豔外觀，如畫般的斑紋，不僅殺了我們大量的記憶卡，甚至還引領世界的時尚潮流，君不見多年以來，豹紋風的服裝設計，一直深受世人的喜愛。

就在納庫魯，乘車獵遊的最後半小時，我們拼上了非洲五霸的最後一塊拼圖。那時感到非常滿足，覺得大老遠來肯亞一趟，真是值得！

玩家分享

動物天堂的泉源

納庫魯湖會成為紅鶴之鄉，當然有它形成的理由。位處東非大裂谷之中，納庫魯湖的溫暖湖水，孕育了種類多樣的魚類，並且也為藻類生長提供了良好的條件。這些水中的生物，又進一步吸引紅鶴、鵜鶘等水鳥棲息。另一方面，湖泊中大量的水源，也蘊涵各種動物生存所需要的元素，從而讓納庫魯湖周邊的生態景觀精彩萬分。

0°C 的赤道

透過帳棚的縫隙，我看見外面的陽光正耀眼。

清晨的甜水(Sweetwaters)和昨晚一樣涼爽。帳棚外的天空比昨天晴朗，朝著日出的

日出時分的肯亞山。

方向望去，清楚地看見前方一座高山，那是肯亞山，不但是肯亞境內最高峰，並且也是全非洲第二高峰。「肯亞」成為這個國家的名字，正是由於肯亞山全國最高的地位。

山頂終年積雪的肯亞山，令人很難相信它和赤道的距離只有短短16公里。然而5,199公尺的高度，卻足以顛覆人們「赤道一定很熱」的印象。

即使沒有像山頂一樣的高度，位在肯亞山西側不遠，同樣是赤道經過的甜水保護區，入了夜也可以讓人冷到發抖的。

「裡頭有人在嗎？這是為你們準備的熱水袋喔！」抵達當晚，飯店貼心地為入住的遊客準備了熱水袋。也許因為乾燥，這裡的早晚溫差相當大，過了傍晚，氣溫就開始直線下降。

人和動物巧妙的以一道壕溝隔開，坐在椅上悠閒的看動物時，距離雖近卻不必擔心動物會橫跨過來。

在這好冷的赤道上，那個熱水袋的確帶來一晚溫暖的好眠。

甜水保護區(Ol Pejeta Conservancy) 並不是國家公園，而是屬於私人所有，因此和國家公園適用於不同的規範。比方説，一般國家公園的乘車獵遊只允許在白天進行，但是甜水保護區卻有「Night Game Drive」的活動，只是所費不貲就是了，每人每次要價90美元。而且晚上找動物，畢竟比白天更不容易。

目前的甜水保護區，在一個跨國動植物保育組織的維護下，成為一個不只是可以看動物的地方，甚至還肩負某些瀕危動物復育的責任。所以除了Game Drive之外，還可以有一些不同的體驗。

保護區除了立下「請勿餵食」的告示外，也提醒大家這些黑猩猩是具危險性的。

我們都是同病相憐一家人

「這些黑猩猩的脾氣真糟！」看見拿著樹枝，一路敲打圍籬衝過來的樣子，任誰都會這麼覺得吧！

「黑猩猩保護區」是甜水保護區裡，為保育特定動物而設立的一個區域。1993年設立當時，第一批入住的，是來自蒲隆地(Burundi, 東非的另一個國家)的三隻黑猩猩，因為蒲隆地內戰的緣故，於是將牠們移到此地保護。而後又接收來自非洲西部與中部的黑猩猩孤兒，目前在這個保護區裡，接受悉心照顧的黑猩猩，已經超過40隻。

只是説實在的，來到這裡看過這些黑猩猩之後，實在很難喜歡這群命運多舛的孤兒動物，畢竟牠們的個性還真糟糕！要嘛拿著樹枝胡亂敲打一通，要嘛拿起石頭就丟，還好有鐵絲網擋著，不然以牠們丟石頭的力道，遊客肯定遭殃。

也還好不是搭獵遊車在野外看到。要不然在沒有防護的情形下，如果黑猩猩拿著樹枝或石頭招呼過來的話，説不定接下來就會看到人類和黑猩猩大打出手的場面。

除了黑猩猩保護區之外，來到甜水保護區的遊客應該也都會去看看Baraka。

Baraka是一頭黑犀牛，據說在與其它犀牛打鬥時傷了眼睛，從此以後眼睛再也看不見了。失去野地生存本能的Baraka，目前住在這個黑犀牛保護區裡，由專門的人員負責照顧。站在距離Baraka僅約2至3公尺的看台，看見的是一頭已經馴化的黑犀牛，毫無印象中身為非洲五霸一員的氣勢。

　　黑犀牛保護區旁邊有一座展覽館，裡頭主要介紹甜水保護區裡的動物概況，從牆上的掛圖可以看出，這裡的動物種類還真不是普通的多！據說非洲五霸都有機會出現，只是能不能看到，就取決於運氣好壞，以及是不是有足夠好的眼力。

　　「這個是什麼動物的骨頭？」「這樣子哪看得出來！」展覽館裡最多的展示物品，就是動物的骨骼。很多動物同樣是用4隻腳在地上走，所以每種動物的骨頭拼起來都是一個樣子。單從這些骨骼的架構，實在很難推測到底屬於哪種動物啊！

　　牆角的長頸鹿骨頭吸引了我注意。忘了過去在哪裡學到的，說到長頸鹿的頸椎數目，和人類竟然是一樣的，於是在這裡看到那長長的頸部骨骼，我就想印證看看，特地數了一下。7節頸椎，果然和人類一樣多，只是每一節的長度都特別長。這個有趣的相同點，讓人覺得自然界真是奇妙。

甜水月色涼如水

　　「快看看今天拍的照片！」在肯亞的期間，每天都會拍相當大量的照片，為了避免回國之後被這麼多照片淹沒，所以我們每天回飯店之後都會立刻存到硬碟整理。

白犀牛　　　　　　　　　　黑背胡狼

「怎麼這些動物都只有拍到背後?」一邊整理照片的時候,我們發現有些動物的正面照明顯比較少。

「牠們太害羞了啦!車子一接近牠們就掉頭跑掉了。」確實有些動物十分敏感。比方說「彭彭」疣豬,完全不像電影《獅子王》裡頭那麼活潑,實際上是見了人就跑,那對看來嚇人的獠牙簡直是拿來裝飾用的。還有難得看到的巨羚,體積和牛一樣大,竟然也是車子一靠近牠們就跑。到底這些大塊頭是怎麼回事?

見了車子靠近就急忙逃走的巨羚。

「不過這張就很棒啊,犀牛就在獵遊車附近,好有臨場感。」處境只比黑犀牛好一點的白犀牛,在甜水保護區算是比較容易見得到。一大片空曠的原野上,大老遠就可以看到,一大一小的白犀牛,可能是親子檔吧?相片裡還有一隻黑背胡狼充當路人甲,只要仔細看的話,總是可以看到各式各樣的動物。難怪這個地方的Game Drive,都會見到大批獵遊車的陣仗。當然,攝影重裝備也是每輛車上都少不了的。

有一隻白犀牛比較特別,牠名叫Max。會有名字的,通常表示有專人特別照顧,也是類似Baraka那樣的情形。工作人員每天帶著Max出來散步,這麼做當然是為了讓牠逐步適應外面的環境,有朝一日就可以回歸野外。

在工作人員允許下,我們下車和Max合照,這也是我們頭一次摸到犀牛!我想以後很難再有這樣的機會吧!不過犀牛多少有點危險性吧?我們怯生生地靠近牠。

「放心啦!不要站在牠前後就沒事。」工作人員一邊幫我們拍照。

至於犀牛摸起來的感覺如何?嗯……表皮其實相當粗糙,好像一片水泥牆一

樣。也難怪啦，要在野地裡生存的動物，表皮不堅固一點怎麼行？

帶著剛剛才近距離接觸過白犀牛的興奮心情，充實地結束這趟Game Drive。這個私人所屬的動物保護區，果然帶來不同於其它地方的特別體驗。回到帳棚飯店，很快地到了晚餐時間。餐廳裡大片的落地窗，讓遊客一邊用餐也能一邊看到外面的動物。這裡的飯店也設置了一座水池，和餐廳的距離相當接近。動物的活動範圍和遊客之間，巧妙地以一道壕溝隔開，安全上並沒有什麼問題。

「快看那裡！長頸鹿來喝水耶！」脖子那麼長要怎麼喝水？長頸鹿當場表演給大家看。答案是：**兩腳開開，頭彎下來才喝得到水。**「真難看……」對啊，這姿勢是不好看，而且要是正好有其他動物來攻擊的話，是很不方便逃走的。所以對長頸鹿來說，喝水這件小事，說不定也是要賭上性命的舉動？

一邊享用晚餐的同時，天色漸暗，氣溫也很快地下降。水池仍然繼續吸引動物前來，周圍的燈光讓這一幕更有浪漫的氣氛。大象來喝水，兔子環繞著水池四處跳躍，長頸鹿的長長脖子上停滿一排鳥。月光照在這宛如童話情節的畫面，一切顯得那樣寧靜與安詳。

玩家分享

停止獵取黑犀牛角

目前全球只剩3,600頭黑犀牛，比起60年前減少了99%以上，這些屬於瀕危動物，目前在南非、肯亞、納米比亞和辛巴威還可見到。黑犀牛的視力很糟，但聽覺和嗅覺敏銳，牠可以和大象一樣嗅出水源所在。黑犀牛的生存壓力，不在於同類的打鬥，都是來自人類的威脅。為了盜獵犀牛角、為了土地開發而破壞動物棲地，使得黑犀牛的數量急速下降。在甜水保護區我們有機會近距離看到珍貴的黑犀牛，卻也為全球保育的問題感到無奈。

奈洛比市區
驚魂記

走在奈洛比街頭，偶爾會看到有人穿著印有歐巴馬照片的T恤上街。對肯亞人來說，歐巴馬想必可以算是「肯亞之光」，就如台灣人提到王建民的感覺一樣吧！不過像我們這樣，從世界各地來到肯亞的眾多遊客，倒不覺得歐巴馬有什麼大不了，反倒是當地原生的動物，才是肯亞最珍貴的，甚至是全世界最寶貴的資產。

公車上也有「肯亞之光」歐巴馬的肖像。

其實肯亞人也明白這一點。所以除了野外的國家公園之外，作為肯亞首都，同時也是東非門戶的奈洛比，也有不少看動物的地方。當然囉！看動物還是到野外才比較過癮，不過在奈洛比所看到的，卻是一番不同的體驗。既然進出肯亞都必須經過奈洛比，只要不急著到機場報到，並且看完野外動物還意猶未盡的話，那麼不妨順道前往這些專責照顧動物的地方，享受另一種不同的感受。

長頸鹿的高度正好可把頭伸進小木屋的2樓，輕鬆享用遊客手中的食物。

跟長頸鹿親親

在野外的國家公園裡，可以看到動物在他們的原生環境裡，那是最原汁原味的畫面。只是為了安全的緣故，通常只能在車上看，如果為此覺得不過癮的話，回到奈洛比之後，反而多了一些親近動物的機會。其中最親和的，我想莫過於位在蘭佳塔的長頸鹿中心了。

這座長頸鹿中心，當初設立的理由，是為了收容面臨生存危機的羅氏長頸鹿。肯亞比較常見的長頸鹿，包括馬賽馬拉一帶的馬賽長頸鹿，以及山布魯一帶的網紋長頸鹿，相對地，羅氏長頸鹿的處境就顯得岌岌可危，據說目前只剩下數百隻而已。這些愈來愈稀有的長頸鹿在此受到照顧，目標仍然是希望有朝一日可以讓牠們重回野外，在真正屬於牠們的家園展開新生活。

中心內部有一間兩層樓的小木屋，像個主題博物館一樣，展示與長頸鹿相關的資訊，如果有時間慢慢逛一圈，必然能夠增長不少知識。

不過大部分遊客來到這裡，都是為了另一個目的，那就是親手餵長頸鹿吃東西！雖然說長頸鹿算是比較溫馴的動物，不過野外可沒機會像這樣嘗試。

「咦！這麼會吃！」手上滿滿的飼料，長頸鹿沒兩口就吃光了。

小木屋的2樓，和長頸鹿的頭部一樣高，捧著飼料，站在欄杆旁，長頸鹿就來吃了！別看長頸鹿平時走起路來很優雅，吃起東西來也是沒什麼形象的啦！口水滴得到處都是。

話說回來，平時我們又有多少機會，可以體驗長頸鹿的舌頭從手心舔過的感覺呢？

我還不夠高嗎？

多吃點，才會長更高喔！

小孤兒也需要溫暖

　　另外有個設立目的和長頸鹿中心很像的地方，是由大衛野生動物基金會所設置的動物收容之家。創辦基金會的大衛‧謝菲爾德(David Shepherd)是一位畫家，同時也相當致力於動物保護，他的作品不乏以動物為主題的作品。

　　這個收容之家裡的動物更加多樣。或許因為保育才是這地方的主要任務，它的開放時間很短，只有接近中午的1小時而已。開放時間還沒到，門口已經有好多人在等。

　　開張囉！大家緩緩排隊進去。遊客來自世界各地，其中也有不少小孩。不管老少，幾乎是人手一台相機。

　　「Elephant！Elephant！」遠遠看到好多隻小象排成一排出場，身旁的金髮小孩興奮地叫著。其實我們在野外也看過小象，不過野外的小象身旁，一定有大象保護著，但是這裡卻是一群沒了父母的小象啊！

　　小象走到遊客面前，每個人都可以伸手摸一摸。工作人員一邊餵小象吃奶，這麼可愛的姿態，不管在哪裡都人見人愛呢！

　　「唉呀！那隻小象好像爬不上來耶！」見過小象用狗爬式在地上爬的樣子嗎？一腳踩進泥坑的小象，努力地撐著頗有重量的身體爬上來。眾多小象出場玩了一陣子，接著退場換手。長頸鹿也出場晃了一下，然後小犀牛登場。

畢竟是更加瀕危的處境，所以小犀牛只有少少幾隻。登場的犀牛一樣在這地方接受工作人員的照顧，也許夠熟了吧，看牠和工作人員的互動挺自然的，就好像是父母親陪孩子玩耍一樣的感覺。

小犀牛的節目最後，以落荒而逃當作搞笑的收尾。

這個地方最特別的在於，如果有意願的話，你也可以認養某一隻小象或是小犀牛。當然不是真的把動物帶回家養啦！而是貢獻一筆經費，作為動物的養育之用。等到這些動物孤兒長大之後，他們會設法讓動物回到野外，回到真正屬於牠們的家。也許當您有機會到肯亞一遊，也可以考慮來這裡認養一隻自己的象寶寶或犀牛寶寶。

小地方大震撼

這麼靠近大都會的地方，竟然也有用來保護野生動物的國家公園？事實上，奈洛比國家公園還是肯亞第一座國家公園，早在1946年就已經成立，在那個世界大戰剛打完的年代，世界上絕大多數人，對環境保育大概還沒什麼概念吧！

位在距離市區僅僅7公里之遙，奈洛比國家公園的面積雖然遠遠小於野外的國家公園，但是卻讓奈洛比這座人口達300多萬的大城市，擁有更多的自然氣息。園區和街道只有一牆之隔，因此從國際機場進入市區的路上，常常可以看到停在大馬路圓環中央的非洲禿鸛，或是遠處高樓樓頂不知名的鳥類。

「離市區這麼近，這麼小的國家公園，能看到些什麼？」一開始我們有些存疑。於是第二次肯亞之旅的最後一天，因為安排較長的時間在奈洛比，理所當然要進去看看。

園區的其中一部分規劃為「Walking Safari」，所謂徒步獵遊，意思是說不用像在野外一樣不能隨便下車，可以一邊走一邊看動物的意思嗎？聽起來很酷。

既然是可以用走的欣賞動物的地方，那表示該有的安全措施都必須要有。什麼樣的方式可以讓人不受獅子攻擊？當然是把動物圍起來。沒錯，這個徒步獵遊的地方，說穿了就是像動物園一樣。不過既然是非洲的動物園，怎麼可以和

拍了這麼危險的照片，我還是活著回來了。

木柵動物園一樣？當然要有屬於非洲的當地特色囉！可是這些動物我們在野外都見過了，這時候再來這裡看這些關起來了，哪裡會過癮？

Jim不曉得怎麼和園區警衛交涉的，大概是說我們不遠千里飛越半個地球而來，很想好好看看這些非洲動物之類的，總之不知道他用了甚麼招數，「喔，那跟我來吧！我這就帶你們去看花豹。」可是，花豹我們剛剛看過呀！就是大老遠躲在樹上睡覺那一隻嘛！

我真是錯看了警衛的能耐，沒想到他竟然打開員工專用的鐵門，帶我們來到花豹區的另外一側。一般參觀動線上只能遠遠看到的花豹，這時候竟然近在眼前，和我們之間只隔了一張鐵絲網而已。花豹看見這廂幾個陌生人跑來，張牙舞爪地吼叫個不停。

太震撼了！從來沒機會和花豹靠得這麼近！不過更震撼的還在後面。

這次來到獵豹區。像這種高危險性的肉食性動物，一定會用鐵絲網或玻璃之類的東西隔開，何況是獵豹。據說追逐獵物的時候，獵豹可以用時速百公里的高速衝刺，換句話說，**這種速度足以和高速公路上的車子賽跑**，所以萬一被獵豹盯上的話，就要用比這還快的速度才跑得掉。

我的顏色有點奇怪？人類說這叫斑馬的白子。

拍張合照吧。獅子也笑一個！

竟然有人在國家公園辦婚禮。圖為黑美人伴娘群。

這次警衛直接開門，讓我們進到獵豹的地盤，然後他就自己走出去了。救人哦！竟然把我們和獵豹單獨關在一起！雖然這隻獵豹看起來有點年紀，好歹牠也是吃肉的動物耶！

「牠該不會衝過來咬我們吧？」

「需不需要倒下來裝死？」「遇到熊的話才是裝死吧……」

「那不然遇到獵豹的話要怎麼做？」「誰知道啊？」

七嘴八舌討論後，我們還是不敢亂動。數分鐘後警衛拿了一塊肉回來，說是給獵豹當下午茶，然後接過我們手中的相機：「我來幫你們和獵豹合照吧。對，靠近一點，再靠近一點，笑一個，手放牠身上沒關係的啦……」這樣真的沒關係嗎？還好警衛丟在獵豹面前的肉看起來比較可口。不過當我們微笑著與獵豹合照的當時，其實真的嚇出一身冷汗哪！

當初顯然是我小看了這個地方。雖然長得像動物園，可是不見得沒看頭。奈洛比國家公園走一趟，最起碼讓我們留下這麼難得的驚魂體驗，比任何一次在野外看動物都更刺激。

玩家分享

**蘭佳塔長頸鹿中心
(Giraffe Centre)**
✉ PO Box 15124-00509, Langata, Nairobi, Kenya
☎ +254-20-8070804, +254-723786165
http www.giraffecenter.org

**動物孤兒之家
(The David Sheldrick Wildlife Trust)**
✉ PO Box 15555, Mbagathi, 00503, Nairobi, Kenya
☎ +254-20-2301396, +254-733891996
http www.sheldrickwildlifetrust.org

**奈洛比國家公園
(Nairobi National Park)**
✉ The Warden, PO Box 42076, Nairobi, Kenya
☎ +254-20-6000800, 6002345
http www.kws.org/parks/parks_reserves/NANP.html

吃吃睡睡 in 肯亞

玩非洲，吃不好，睡不穩，還要走很多路？
答案恰恰是相反。
在非洲，生活是辛苦的，旅行卻是享受的。

肯亞已是歐美風行的度假勝地，
跟著這些嬌客的腳步能辛苦到哪裡？

這裡為遠道而來的嬌客，
打造出一種於東非獨有的待客之道。

五星級的「咆哮」山莊

　　來到肯亞，可不是只有坐著獵遊車觀賞動物而已，肯亞的五星級蠻荒度假村讓你和動物住在一起！

　　這裡的度假村通常都位於國家公園的園區內，和周遭環境融為一體，沒有明顯的界線，頂多架起簡單的鐵絲網當籬笆或挖條水溝當護城河，阻隔的效果不太好就是了。因為和野外相通，因此外頭的動物常常進入園區覓食，儼然把人類的度假村當成牠們的覓食天堂。很多度假村還特地在園區內挖個水池，吸引附近的動物前來喝水，當然也讓觀光客大飽眼福。

　　想想看，人在房間裡就看到長頸鹿在吃樹葉、大象前來喝水、動物打架，一打開門就看到門前有斑馬低頭吃草，清晨在動物的叫聲中醒來，有時還聽到獅子在遠處咆哮，甚至夜裡被門外的吼聲嚇得不敢開門一探究竟……

　　這些都是常有的住宿體驗，一點也不稀奇。

　　最常造訪度假村的動物是斑馬、水牛、河馬、羚羊、長頸鹿、條紋獴、蹄兔、鳥類，依地區而有所不同，不過動物會怕人類，白天較少跑進度假村閒晃，通常入夜後才摸黑進來吃草喝水，所以度假村會警告房客入夜後盡量不要走出房間，晚上也會有警衛在園區內巡邏，如果要外出的話，一定要請警衛陪同。

　　在肯亞的第一晚，我們住在奈瓦夏莊園(Lake Naivasha Sopa Lodge)，我不信邪，因為很難想像白天一片祥和的度假村，一到晚上會變得危機四伏。用過晚餐後，我們從餐廳走回小木屋，沿途遇到幾個手持長矛、弓箭、斧頭、槌子的警衛，我用高度懷疑的語氣問：「你們說河馬一到晚上會跑進來，這是真的嗎？河馬真的會跑進來？」

　　警衛：「你不信？好，我帶你去看河馬。」

　　小光：「真……真的？你要帶我去看河馬？」

　　警衛：「對呀，既然你不信，我就帶你去看。」

　　我心中大呼萬歲，警衛往前走幾步，東張西望，然後拿起手電筒往花園的草

面對非洲大草原的游泳池。

外面是蠻荒之地，裡面則是五星級豪華套房。

叢一照。天……天啊！在花園的草叢裡竟然藏了一隻巨大的河馬，距離小木屋才幾公尺而已！

從那一次之後，我再也不敢在夜間外出了，沒有人知道黑暗裡藏著什麼動物。

如果你覺得河馬不算什麼，根據警衛的說法，還曾經有獅子闖入度假村呢！

「唔，只有1、2次啦！斑馬常常在半夜來這裡吃草，獅子大概是要來吃斑馬的。」警衛若無其事地說。

「哇！獅子跑進來了，那你們怎麼辦？」

「當然是把獅子趕走囉！」警衛仍然笑得很輕鬆，好像趕走的是一隻體型比較大的貓。

獅子闖入度假村的機會其實很低，不過愛看熱鬧的觀光客，應該會很期待獅子大駕光臨吧！

還有一次在馬賽馬拉的時候，我睡到半夜突然被怪聲吵醒，總覺得落地窗外好像有什麼「東西」，我不敢開燈，摸黑下床，偷偷把落地窗的窗簾撥開一個小縫。天啊！**我屏住呼吸，努力壓抑尖叫的衝動，在月光照射下，隱約看見外頭的草地上有十幾隻斑馬在吃草**，我們房間外的小花園就有一隻斑馬，我和牠只隔了一面玻璃，大概相距1、2公尺而已，我摸黑找出相機，用顫抖的雙手從窗簾的縫隙中伸出鏡頭，捕捉了一兩張難以辨認照片，雖然照片很模糊，不過我永遠不會忘記當時的震撼。

肯亞的夜晚是很熱鬧的。

超檔次，蠻荒地的五星享受

通常一抵達度假村，工作人員就會端上濕毛巾和迎賓果汁歡迎貴客光臨，辦好入住手續之後，就可以進房間了。但是在這之前務必確認以下事項：

1. 用餐時間

2. 和司機約好下次見面的時間和地點

3. 預約自費行程

肯亞度假村雖然地處蠻荒之地，設備可是一點也不原始，不少度假村裡面有游泳池，房間裡都是五星級飯店的設備，該有的都有。房間內有提供沐浴乳、洗

髮精、毛巾……等等，不過這裡不習慣提供拖鞋，偶爾會有度假村沒有提供牙膏和牙刷，所以這些東西建議自己帶，以備不時之需。

房間內大多沒有冷氣，頂多有電風扇，不過不必緊張，肯亞地處高原，非常涼爽，晚上氣溫會驟降，在某些地區還得裹著厚棉被入眠，話雖這麼說，中午還是會比較熱，所以夏天的短袖和短褲還是帶著比較好，房間內雖然有水有電，不過水都是地下水，有時候會比較混濁，不要當成飲用水喝下去。

帳篷也有五星級

如果住膩了傳統的獨棟房間，可以嘗試五星級的帳篷，親身體驗探險家在蠻荒之地的生活。**千萬不要聽到「帳篷」兩字就嗤之以鼻，心裡痛罵：「帳篷？我花了這麼多錢，讓我住帳篷？」請把重點放在「五星級」這三字**，這裡的「五星級」帳篷比飯店房間更有特色，裡頭的設備可是一點也不遜色，該有的都有，一間帆布帳篷裡有現代衛浴設備、有水有電、有床有燈，相當豪華，我們到Sweetwaters 就是住這種帳篷，不過帳篷沒有門鎖，只有拉鍊，而且外觀看起來都一模一樣，所以要記好自己是住第幾號，別誤入別人的帳篷，當然也要提防別人誤入囉！

還有一點要切記，不管你是住獨棟房間還是帳篷，外出時一定要把門窗鎖上或把帳篷的拉鍊全部拉上。**某些地區的猴子或狒狒相當猖狂，會打開門窗闖入房間撒野、撒尿、亂翻行李箱**，我還看過猴子從獵遊車的天窗鑽進駕駛座亂竄，夠猖狂了吧！

肯亞的住宿體驗是這趟旅行的重點之一，不要把寶貴的時間浪費在睡午覺上，也不要輕易錯過每一趟獵遊，每間度假村都各有特色，光是在度假村裡探險就是一種享受了。好好去探險吧！

玩家分享

自費行程多打聽

很多度假村自費行程多會冠上「Safari」兩字，可以依個人喜好自由選擇。有些行程是免費的，已經包含在住宿費裡面，例如在馬賽馬拉，獵遊和機場接送是內含的服務，如果你是搭飛機到馬賽馬拉，旅行社安排的司機沒有同行，可請飯店來接機，在馬賽馬拉的期間就參加飯店的獵遊行程，不過要和其他房客同車就是了。

在自費行程方面，種類依各地區而有所不同，大致上有熱氣球、步行獵遊、森林獵遊、叢林晚餐、SPA、按摩……等等，都要事先預約，記得問清楚該行程包含的內容和價錢，可以和你的司機討論一下，推不推薦這項行程，價格是否合理，以免期待過高花了冤枉錢。

減肥是回家以後的事

　　不少人一聽到去非洲旅行，就先入為主地認為那裡的食物一定很糟，說不定要準備泡麵充飢，以防吃不飽。如果你有這種觀念，那就大錯特錯了！

　　肯亞之旅其實是「養豬團」，又名「增胖之旅」，整天不是待在飯店閒晃，就是坐在車子裡看動物，根本不需要走什麼路，相信我，**每天走最遠的距離，就是去餐廳用餐這段路**。肯亞度假村提供的餐點比照台灣五星級飯店的等級，以歐式自助餐為主，山珍海味、琳瑯滿目、應有盡有，保證你不會餓到肚子。

　　度假村的餐廳都會努力打造和動物親近的用餐環境，盡可能讓客人擁有最佳的視野，即使是吃飯的時候也可以觀賞動物。有些餐廳的前方就是一個水池，隨時都會有動物前來喝水，熱鬧得很，你吃飯，動物喝水，各取所需，所以就算只是去吃個飯，也不要忘記帶照相機，有時還會拍到珍貴的鏡頭呢！在某些地區，猴子和狒狒很猖狂，會進來搶人類餐盤裡的食物，因此飯店還得派一個手持棍棒的警衛來趕猴子，以維持用餐秩序，和動物的距離夠近了吧！

豪華餐點盡情享用，但喝水請付費

　　各家飯店的用餐方式是以歐式自助餐為主，肉類較多，倒是新鮮蔬果少了點，對於出國旅行一定要吃蔬菜和水果的台灣人來說，可能會有點不習慣，這時才會格外思念起家鄉的炒青菜和各式各樣的水果，台灣果然是寶島啊！

　　除了歐式自助餐之外，有些飯店是套餐加上免

費沙拉吧的方式，侍者會遞上菜單，問你要什麼主餐和湯，菜單當然都是英文，不過看不懂那一串菜名也沒關係，你只要比照飛機上點餐的方式，決定主餐要吃什麼肉，牛肉、羊肉、魚肉或雞肉，要喝什麼湯，濃湯或清湯，這樣就可以了，夠簡單了吧！

超有情調的燭光晚餐。

　　點完了主餐，侍者會問你要不要點飲料，通常咖啡是免費的，不過咖啡以外的飲料需額外付錢，肯亞地區水源珍貴，餐廳不會隨桌奉上白開水，飲用水要自己買。這裡的礦泉水可是比汽水還貴，台灣人都比較節儉，不習慣額外點飲料，但是外國人剛好相反，用餐時喝個小酒是很尋常的事，所以放眼望去，幾乎桌桌都點了飲料，既然來到國外，不妨入境隨俗，點杯什麼來喝吧！肯亞的Tusker啤酒小有名氣，值得品嘗，如果你沒有喝酒的習慣，這裡也有提供無酒精的飲料，像是果汁、汽水、礦泉水，任君選擇。

　　用餐時間之外，你可以到觀景陽台觀賞動物，有些觀景區會提供免費的咖啡和茶包，可自行取用，如果用餐時間還沒到，你可以利用等吃飯的空閒時間到交誼廳坐坐，交誼廳都有小酒吧，可以坐下來點杯飲料，聊聊天，打發一下時間，有時點飲料會附贈薯片之類的茶點，那就好好享受吧！

晚餐前點杯特調果汁，欣賞草原日落。

人吃早餐，鳥兒喝水，我們各取所需。

單是早餐，就搞成這個排場了。

不惜成本也想
住住看

　　肯亞有些飯店極具特色，本身就是一個觀光景點，許多觀光客因此慕名而來，不惜花大錢提早幾個月預約，就是為了要來這裡住上一晚，究竟哪些飯店這麼有吸引力呢？

阿布岱爾的超人氣飯店

　　阿布岱爾國家公園(Aberdare National Park)有兩間赫赫有名的旅館：樹屋旅館(Treetop Lodge)和方舟旅館(The Ark Lodge)。這兩間旅館的附近都有一個含有岩鹽的水塘，吸引附近的動物前來舔鹽飲水。這裡還有極為貼心的服務，房客不用時時刻刻守在水池邊等待動物大駕光臨，這裡入夜之後有專人看守，一旦有野生動物出現，就會用敲門、亮燈或蜂鳴器的方式提醒房客前來觀賞，服務相當周到，也成了阿布岱爾國家公園區的住宿特色。

　　樹屋旅館響亮的名氣源自於它的歷史淵源，1952年2月5日，英國伊莉莎白公主偕夫婿來到這裡度蜜月，當時下榻的旅館就是樹屋旅館，豈料英皇喬治六世突然駕崩，伊莉莎白當晚就在樹屋旅館登基，成了伊莉莎白女王二世，因此就有了「上樹是公主，下樹是女王」的佳談，這間樹屋旅館從此聲名大噪。

　　樹屋旅館原本是動物學家蓋在樹上的研究室，後來經過改建，依著大樹搭建起一棟木頭外觀的建築物，底下以6公尺高的木樁撐起整間旅館，底下就是一個水塘，房客可以坐收地利之便，悠閒地坐在陽台上觀賞底下的動物百態。

　　不過樹屋旅館年代久遠、設備較舊、

空間有限,所以房間裡沒有獨立的衛浴,只有男女分開的公共衛浴,類似學生宿舍,而且為了控制重量承載,房客必須先到國家公園附近的旅館寄放大件行李,僅攜帶輕便的過夜行李,乘坐旅館專車到達樹屋旅館,隔天再原車回到寄放行李的地方,較不方便。

　　方舟旅館是以其獨特的造型出名,它的造型宛如聖經裡那艘挪亞方舟,外觀看起來就是一艘大船,這裡並不以「1樓」、「2樓」稱呼各樓層,而是以「A甲板」、「B甲板」來稱呼。旅館外面也是有個水塘,房客可以在甲板觀賞前來飲水的動物,甲板上設有咖啡座,房客可以坐下來點杯咖啡,品嚐美酒佳釀,欣賞落日餘暉。到了晚上,這裡也是有喚醒看動物的服務,雖然方舟旅館沒有樹屋旅館的歷史淵源,不過有更多現代化且舒適的設施,較受到台灣人的歡迎,不過方舟旅館也是要先將大件行李寄放在別處,然後帶著輕便的過夜行李,搭乘專車前往旅館。如果嫌麻煩,又要享受五星級現代化的設施,可以考慮我們住過的Serena Mountain Lodge,少了名氣,多了便利和舒適,任君選擇。

Ol Pejeta House的氣派迴旋梯。下榻此處時,小心在飯店內迷路。

誰說肯亞沒有奢華風

　　我們在肯亞住過的飯店，有些屬於連鎖飯店，這些飯店在肯亞各動物保護區都有據點，例如前述的 **Serena**，以及在奈瓦夏湖住的 **Sopa**。其它飯店像是納庫魯湖的 **Lake Nakuru Lodge**，馬賽馬拉的 **Keekorok Lodge**，住起來也都有相當棒的水準。當然囉，若是覺得難得出國，難得跑一趟非洲，想要住得更高檔，可供選擇的地點也絕對不愁沒有。

　　在山布魯那兩天，我們利用一段空檔，來到園區內另一個較晚設立的 **Sentrim飯店**，這家飯店和我們在Sweetwaters住的地方一樣是帳棚飯店。不要一聽到是帳棚就一臉不屑，高檔可是這家飯店的特色呢！Sentrim飯店位在埃瓦索恩吉羅河(Ewaso Ng'iro River)北岸，特地把帳棚都蓋在可以望見河道的地方。走進架在木造平台上的帳棚，裡頭的床舖、衛浴設備當然是一應俱全。最重要的是，陽台都是面對河道的方向，理論上比較有機會在陽台上就見到來找水喝的動物。至於游泳池、按摩池，雖然志在看動物的遊客不見得會去用，不過畢竟走的是奢華風，這些當然是必備的設施囉。

　　如果這個等次的飯店還住得不過癮，或許可以考慮位在甜水，目前由Serena飯店經營的 **Ol Pejeta House**。這地方不但曾經作為 Delamere 爵士的住家

Sentrim飯店的游泳池。雲的形狀像不像兔子耳朵？

(Delamere是一位在肯亞殖民時代頗具影響力的英國爵士)，建築也相當豪華。至於怎麼個豪華法？簡單來説，在這家飯店裡，每位遊客享有的空間非常寬闊，因為廣大的空間只設置6個房間，住起來就像是包下一整棟房子一樣。至於加大的床舖、客廳、游泳池之類的就不用特別提了，在這種地方當然少不了的。怎麼樣，過癮吧！

在Sentrim飯店，一邊泡澡還可以一邊看戶外的動物。(外面不會有人來窺視，可放心洗澡)

要住進這些特色飯店、奢華飯店，當然是所費不貲。遇到旺季的話，兩人房一晚超過300美元也是正常現象。不過最起碼，在肯亞的國家公園、動物保護區裡，不論價位如何，各家飯店都努力經營屬於自己的特色。有機會走訪肯亞的話，不妨將這些飯店的特色，當作旅行回憶的一部分。

Ol Pejeta House超豪華，這裡僅是客房的客廳而已。

星光大道之
明星PK賽

千萬別以為野生動物園的動物們活得有多自在，

也萬萬別誤會Discovery動物奇觀的聲勢，

是打造出來的影音效果。

真實的東非草原上，沒有圍籬間隔彼此，

有的只是獵食、追逐、玩樂、窺視⋯⋯，

這裡才是動物的舞台，

至於人類，就乖乖待在車裡吧！

電影真實版之
獅子王

非洲五霸

　　獅子號稱是百獸之王，當然名列非洲五霸之首。來到蠻荒遼闊的非洲大草原，如果沒親自會晤草原之王，豈不為之扼腕？

　　你也許會想：完了，我運氣向來很背，統一發票從來沒中獎過，會不會連一隻獅子都看不到，最後流淚揮別肯亞？

　　放心，我可以跟你保證，別的景點不敢講，但在馬賽馬拉，看到獅子的機會比中統一發票高得太多了，幾乎可以保證一定會看到獅子，以我們來說，在馬賽馬拉的每一次獵遊，幾乎都看到獅子，所以你可以放一百個心。

　　有一次，我興奮地跟一對來自夏威夷的夫妻説：「嘿，我今天看到好幾隻獅子(lion) 耶！」

　　美國大嬸立刻問：「Lion or lioness？」(公獅還是母獅？)

　　Lioness？我當場傻在那裡，學了這麼多年的英文，上過地球村，考過TOEIC，卻從來沒用過、沒聽過「lioness」這個單字，對啦！這一聽就知道是母獅的意思，但這年頭有誰會用「lioness」這個單字？

跟對司機，獅子拍到手軟

　　獅子通常在白天出沒，但是牠們和其它的動物一樣怕熱，所以清晨

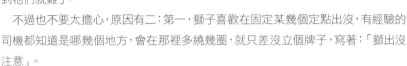

我沒死，只是在享受日光浴啦！

和黃昏是牠們外出活動的時段，意思是說，這兩個時段看到獅子的機會比較高，當太陽爬到高空，散發逼人的熱力時，再怎麼兇猛的獅子，也難敵太陽的威力，此時通常會躲到樹蔭下和草叢內補眠和乘涼，要看到牠們就難了。

　　不過也不要太擔心，原因有二：第一，獅子喜歡在固定某幾個定點出沒，有經驗的司機都知道是哪幾個地方，會在那裡多繞幾圈，就只差沒立個牌子，寫著：「獅出沒注意」。

　　第二，肯亞的司機都很厲害，經驗豐富，視力驚人，就連隱身在茂密草叢裡，只露出一顆眼睛和幾根毛的獅子都無所遁形，而且園區內的司機會用無線電互相通報，在路上會車的時候也會交換情報，所以司機的經驗值和人緣很重要！

　　肯亞的司機還有個特色，就是膽大包天，原本以為司機會對這些兇猛的野獸敬而遠之，沒想到發現獅子後，他們會大刺刺地把車子開到獅子的正前方，距離僅有一

哈欠打到嘴軟的獅子王。

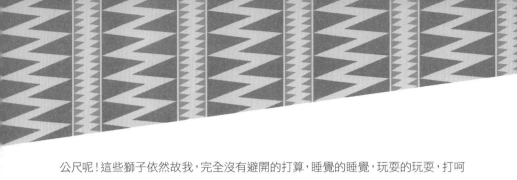

公尺呢！這些獅子依然故我，完全沒有避開的打算，睡覺的睡覺，玩耍的玩耍，打呵欠的打呵欠，如果是羚羊或疣豬，早就逃之夭夭了，這些獅子果然有大明星的架勢，面對鏡頭絲毫不閃躲，是少數可以近距離拍攝的動物之一，也因此觀光客可以拿出相機，拍到爽、拍到膩、拍到手軟。

讓婦孺傾倒的小可愛

　　我們第一次看到獅子是在馬賽馬拉，車子才剛駛近園區沒多久，就在樹蔭下發現3隻母獅和3隻小獅子，小獅子好奇又警戒地望著我們這些不速之客，但母獅懶洋洋地趴在樹下睡覺，根本不甩我們，因為已經習以為常了。

　　當那些毛絨絨的小獅子歪著頭望著你，見到那副可愛兮兮的模樣，小朋友和女生應該都會用尾音上揚的語調喊道：「哇，好可愛哦！」不過，不管這些小東西再怎麼可愛，切記不可以把車門打開下去餵牠、抱牠、找牠合照，這根本就是找死！

　　一般而言，在肯亞獵遊相當安全，只要你乖乖待在車子裡面，一切都沒事，之所以會發生獅子咬死觀光客的意外，都是因為觀光客罔顧嚴禁下車的警告，擅自下去找獅子合照，所以別因為獅子懶洋洋的模樣就低估牠們的危險性，想和獅子合照一張？別肖想了！這些獅子呀，可近觀而不可褻玩焉哪！

獅王的人氣

　　在肯亞，看到公獅和母獅的意義截然不同，公獅有一頭蓬鬆、茂密的鬃毛，雄赳赳，氣昂昂，沒有鬃毛的則是母獅。獅子是群居動物，通常都是成群出現，一個獅群裡面可能有好幾隻母獅和小獅子，但公獅常不見蹤影，可能外出打獵、閒晃或與其它家的母獅打情罵俏，能看到公獅的機會相對比較低，也因此公獅的行情看漲，人氣居高不下，能在這裡看到一頭鬃毛長齊的成年公獅，表示你正福星高照、好運亨通啊！

笨重溫吞之 龐然大象

非洲五霸

一提到大象，大家一定不覺得陌生，在動物園、馬戲團、卡通和電影裡，總是不乏牠的身影。一般我們對大象的印象是溫和、笨重、緩慢、會雜要的龐然大物，牠是人類的好幫手、好朋友、吉祥物，可以放心與牠親近，對不對？

在肯亞，這個答案絕對是「No」！

出乎意料的，肯亞的司機對大象可以說是敬而遠之，我們在路上遇到獅子，司機會把車子直接開到獅子的正前方一公尺處，然後引擎熄火，讓我們照相照個夠，一點也不擔心這些兇猛的掠食者撲上前來。但是一遇到象群，司機反而不敢靠近，刻意和這些溫和的素食者保持距離，甚至一有大象靠近，司機還會馬上把車開走，有的司機還不敢把引擎熄火。

一開始，我不懂司機為什麼怕這些大象，牠們這麼溫和，會幫人類搬重物，還可以騎在牠背上，還是迪士尼卡通「小飛象」的主角，最重要的是，大象吃素，根本沒有怕牠們的必要嘛！但是司機告訴我們，他不怕大象吃人，而是怕這些大力士過來把車子推倒，原來平時溫和的大象抓狂起來是很可怕的，可以輕而易舉地把一輛九人座的車子推倒。

過去就曾發生大象攻擊觀光客座車的事件，好像肇因於一位白目的觀光客戲弄小象，結果護子心切的象媽媽就這樣被惹火了，所以千萬不要因為大象溫吞、笨重的外表而輕忽牠的巨力，如果大象張開雙側大耳，發出咆哮聲，甚至用力踩腳，這代表牠生氣了，正用肢體動作下達逐客令，這時候還是走為上策。

草原上獨有的幕後花絮

　　大象是地球上體積最大的陸生哺乳類，能見度很高，來肯亞保證看得到。牠們是群居動物，通常是成群活動，偶爾可在遼闊的草原上，發現象群的隊伍排成一直線，一隻跟著一隻，緩緩前進。

　　如果在路上巧遇象群橫越馬路，是相當可觀的畫面，司機會停下車，耐心等候所有大象通過，不過偶爾也會發生象群停滯在馬路中間，造成後方車輛圍堵的情況，如果遇到了，也還滿有趣的，這時不妨拿出相機多拍幾張相片留念，畢竟因為大象造成塞車的情況，也不是天天遇得到。

　　在動物園裡，大象不是懶洋洋地趴著睡覺，就是安靜低頭吃草喝水，不然就是表演雜耍取悅人類，而且很難看到小象。但是在肯亞，大象會對人類示威、排隊過馬路、躲避汽車、親吻小象，甚至會打架，這些畫面在動物園絕對看不到，只有來到牠們原始的棲息地，才能目睹這些生龍活虎的畫面。

都是象牙惹的禍

　　看到小象的機會還滿高的，象群裡不難瞥見小象的身影，親子互動的溫馨畫面也是攝影玩家爭相獵取的鏡頭，不過大象對小象保護有加，見到車子靠近，象群就會很有默契地把小象聚集在中間，成年大象就會擋在外圍保護牠們，唯恐小孩曝光，所以第一次見到小象的你，在大喊「好可愛哦」

夜晚：大象來到度假村內的水池喝水。

的時候，別忘了按下快門搶拍小象哦！

　　成年的大象沒人敢惹牠，就連獅子也退避三舍，不過小象卻有可能淪為獅子的大餐，所以大象對小象保護有加。但是象牙卻成為大象的致命傷，盜獵者使得大象的數目驟減，也使得許多小象成為孤兒，肯亞奈洛比市郊就有一個大象和犀牛的孤兒院「David Sheldrick Wildlife Trust」，餵奶時間會開放給觀光客觀賞，如果時間足夠，不妨來這裡走走，保證值回票價。

玩家分享

動物孤兒之家

　　David Sheldrick Wildlife Trust是專門收養小象孤兒的地方，位在奈洛比市郊，餵奶時間會開放給觀光客觀賞，成群的小象會飛奔到工作人員身邊搶著喝奶，相當逗趣，不過有的小象因為失去母親的保護，遍體鱗傷，有的耳朵缺了一角，看了實在叫人心酸，所以要支持禁獵，拒買象牙，好好愛護野生動物呀！

David Sheldrick Wildlife Trust
✉ P.O. Box 15555 Nairobi Kenya
☎ +254 (0) 202 301 396
　+254 (0) 733 891 996
🌐 www.sheldrickwildlifetrust.org

草原上常可看見緩緩前進的象群。

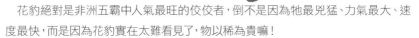

神出鬼沒之 獨行豹

非洲五霸

　　花豹絕對是非洲五霸中人氣最旺的佼佼者，倒不是因為牠最兇猛、力氣最大、速度最快，而是因為花豹實在太難看見了，物以稀為貴嘛！

　　花豹的毛皮顏色鮮豔，金黃色的毛皮上面有深色的斑點，長長的尾巴可以平衡身體。牠的頭很大，顎骨相當有力，使牠成為獵殺高手，而強壯的肩膀和前肢使牠善於爬樹。花豹會把獵物拖到樹上慢慢享用，以免被其它動物搶走，所以如果你抬頭看到有隻羚羊掛在樹上，不要大驚小怪，可惜的是，看到的機會並不高。

　　花豹行蹤詭祕，獨來獨往、晝伏夜出，白天喜歡懶洋洋地趴在樹上睡覺，所以白天很難看到牠的蹤跡。每次獵遊車路經大樹下，司機會放慢車速，注意樹上有沒有藏著花豹，一旦花豹現身，整個園區都會為之瘋狂，在無線電的通報下，國家公園內所有的獵遊車會在幾分鐘內蜂擁而至，搶著一睹花豹的身影，要是晚到幾分鐘，就搶不到好位子了，如果你有幸看到花豹，哪怕只是驚鴻一瞥，都可以讓你高興上好一陣子。

感動到飆淚的狗屎運

　　我們第一次看到花豹是在納庫魯湖(Lake Nakuru)的樹林裡，在凌亂的林子裡，有一隻花豹趴在一根橫倒的樹幹上。發現花豹的是一位來自英國的阿姨，剛好和我們住同一間度假村，真是好眼力！

　　第二次看到花豹是在山布魯，號稱是花豹最密集的國家公園，我們的司機從無線電聽到有花豹現身的消息，加足馬力狂飆，原來在乾涸的河床上有一隻花豹正在挖土，應該是想挖地下水來喝，我們抵達的時候，兩岸已經擠滿了幾十輛獵遊車，盛況空前，敢情整

「這不是啃的雞！」

個園區的獵遊車都來這裡報到了，不過花豹可能看到兩岸的車潮(想不看到也難)，不太高興，所以就慢慢走回樹林了。

　　雖然馬賽馬拉是肯亞的旅遊重點，不過我們在馬賽馬拉沒看到花豹，而是在其它國家公園才看到，所以如果你在馬賽馬拉沒看到花豹，也不要絕望，其它的國家公園還是有機會的。花豹是非洲五霸中最難看見的動物，我們的運氣很好，每次去肯亞都看到，而且還目睹花豹從樹上爬下來的畫面，感動得眼淚都要飆出來了。

最後殺手鐧，奈洛比國家公園

　　其實有看到就要偷笑了，畢竟花豹是夜行性動物，還是獨行俠，會在大白天現身的機會本來就很低，所以去肯亞之前要做好心理建設，看不到花豹是正常的，如果看到了，是你運氣好，多拍幾張照片吧！

　　如果你的運氣真的很衰，重點國家公園都去過了，眼看就要揮別肯亞，仍沒有看到花豹，你為此痛心疾首，實在無顏回台見江東父老，不要難過，就算到了這種地步，仍然不要放棄希望，你可以去奈洛比國家公園，裡頭關著一隻花豹，四面八方都用鐵網圍起來，這樣總該看到了吧！不過花豹可能會藏在草叢或躲在樹上，牠身上的花紋是絕佳的保護色，所以眼睛可要睜大一點。
如果連這裡都看不到，那……下次再來碰碰運氣吧！

花豹獵豹怎麼分？

　　來肯亞前，相信很多人搞不清花豹(Leopard)與獵豹(Cheetah)的差異，有些人還會以為花豹就是獵豹，其實牠們是不同的物種，獵豹是陸地上跑得最快的動物，時速可達110公里，牠是群居動物，常成群出現，能見度不低，雖然獵豹身披金黃色的毛皮，上頭也有深色的斑點，不過兩者的斑點型式不同，獵豹的斑點是實心圓，而花豹則是幾顆黑色的斑點圍繞成環狀，狀似一朵小花，除此之外，獵豹眼下可見一道黑色的淚腺，相當明顯，而花豹則無，光是從這幾點就可以區分兩者了。

黑白雙雄之
非洲犀牛

犀牛是陸地上體型第二大的動物，僅次於大象。牠們體型粗壯，有一個大且長的頭，上面長了一對角，一前一後，前角比較巨大。犀牛角的成分是角蛋白，與腳蹄和指甲的成分相同；犀牛的眼睛小且視力很差，不過聽覺和嗅覺敏銳；腿短，一腳有3趾，皮膚厚且粗硬，全身幾乎沒有毛髮，身體呈灰褐色。

不過，非洲的犀牛有分白犀牛和黑犀牛，第一次聽到這個稱呼，相信每個人頭上一定冒出很多問號，犀牛看起來不是都灰灰的，怎麼還會有黑白之分呢？諒誰都沒看過全身雪白或全身烏黑的犀牛，其實這兩種犀牛身上的顏色都是灰色，牠們不是由顏色來區分，而是由嘴巴的寬度，白犀牛嘴型寬扁，又名方嘴犀，便於啃食地上的短草，體型較大，數目較黑犀牛多；黑犀牛的嘴巴往前突，便於扯食樹上的葉子、樹枝和果實，體型較小，數目稀少，有瀕臨絕種的危險。

但是一般觀光客還是很難分辨黑白雙雄，左看右看，都會覺得這兩種犀牛長得一模一樣，大概只有當地的嚮導才能一眼看出兩者的差異吧！白犀牛在馬賽馬拉和納庫魯可看得到，能見度不高，不過我們曾在甜水(Sweetwaters)的草原上看到一對親子檔，據說白犀牛的母子出遊時，小犀牛會走在媽媽前面，而黑犀牛母子正好相反，大家可參考一下。

在甜水私人動物保護區裡，有一隻從小被人類養大的白犀牛，遠近馳名，牠相當溫馴，慕名而來的觀光客可以在欄杆外和牠合照，感覺上像是來到動物園。那一次我們剛好遇到管理員帶牠出去散步，沒錯，台灣人遛狗，肯亞人遛犀牛！我們逮到好機會上前和牠合照，甚至還藉機摸牠一把呢！

我是白犀牛啦！

　　站在這種龐然大物的身邊，還是有點提心吊膽。不過牠老兄倒是不怎麼理人，我們摸我們的，牠繼續低頭吃草，無視於我們的存在，可能是和人類相處久了，失去戒心和野性。不過從保育的觀點來看，這可不是什麼好現象，野生動物保育的最終目標，是把這些動物野放到原來的棲息地，協助牠們找回原本的習性，所以不適合把這些野生動物當成寵物豢養，否則牠們怎麼回歸大自然呢？也因為這樣，甜水的管理員不喜歡讓這隻白犀牛和觀光客太過親近，所以未來要和這隻白犀牛有近距離互動的機會就更少了，意思就是說，要來肯亞要趁早！

　　那麼，黑犀牛該去哪裡看呢？同樣在甜水動物保護區，也有一隻黑犀牛受到人類的照顧。至於要在野外看到黑犀牛就更不容易了，牠們的數量比白犀牛更稀少。但是在納庫魯仍然有機會偶然見到路邊吃草的黑犀牛。又有另一次，我們在馬賽馬拉的時候，駕駛人還在高空操作熱氣球，竟也能發現一隻藏身在灌木叢間的黑犀牛、通知我們抓起相機搶拍幾張，真是好眼力！

　　有機會來到肯亞的話，如果看到犀牛，不妨試著判斷看看到底是黑犀牛還是白犀牛，只要能夠分辨得出來，相信周圍的人都會立刻豎起大拇指，說：「您是行家！」

我是黑犀牛寶寶。(大衛野生動物基金會照顧的犀牛)

有此一說

　　白犀牛的名字是怎麼來的呢？白犀牛的嘴又寬又平，荷蘭文「weit」，意思為「wide」，指的是牠們寬扁的嘴唇，後來因為口誤被稱為「white」(白色)，就成了白犀牛(White Rhinoceros)，大家將錯就錯，繼續使用這個名字，所以不要被黑白兩字誤導了，這兩種犀牛的區分跟顏色沒關係，而是用嘴部的形狀來作區分。

裝憨狠角色之
非洲水牛

　　非洲水牛乍看之下挺像台灣田間常見的水牛,可是仔細一看,兩者還是有些差異。非洲水牛體型龐大,頭頂的角根部相連,先是水平延伸出去,然後又往上翹起。公牛和母牛皆有角,不過公牛的角較為粗厚。

　　水牛喜歡棲息在離水源近的地區,沼澤、草原、森林都可以見到牠們的蹤跡,可見度相當高,其實在鄰近國家公園的公路兩旁就可以看到了,有時數目相當可觀。水牛深咖啡色的毛皮上,常會裹上一層厚厚的泥巴,有時可以看見牛背鷺(cattle egret)站在水牛的背上,捕食環繞在水牛身邊的飛蟲,牛鶲(oxpecker)則喜歡攀爬在水牛的腹部,啄食蝨子和蒼蠅,並且清理傷口的腐肉。

　　水牛體型粗壯,又是團體行動,一支水牛大軍可是連獅子都要讓三分。雖然水牛是獅子的食物,不過獅子狩獵水牛的時候,通常是成群出擊,不然就是攻擊落單或受傷的水牛。但是水牛大軍一旦團結起來,可是連獅子都得敬牠們三分。有觀光客就偶然拍攝下水牛大軍一齊衝過來解救同伴的畫面,獅子最後落荒而逃,這段在南非拍攝的實況錄影,成為YouTube的熱門影片。

　　也許是非洲水牛外表接近台灣的水牛,外型又不怎麼討喜,而且能見度極高,在台灣觀光客的心裡,非洲水牛的人氣不怎麼旺,不過運氣好的話,也是可以目睹精采的畫面,保證在動物園看不到。有些肯亞的度假村會在園區內挖一個水池,讓遊客

我頂！

我追！

觀賞動物來飲水的景觀，有一次，我在阿布岱爾國家公園(Aberdares National Park)的Serena Mountain Lodge，碰巧撞見水牛互毆的激烈畫面。

幾隻水牛來到水池邊飲水，突然一隻水牛把另一隻摜倒在地，揚起一陣黃沙，我一面猛按快門，一面心裡鼓譟：「好！打，再打！」，水牛果真不負觀眾的期待，被摜倒的甲選手立刻從地上爬起，拔腿就逃，誰知乙選手不放過牠，緊跟在後，狠狠捅了甲選手的屁股一下，嗚……一定很痛！

憨

相同物種打架也就算了，我們還看到一隻未成年的小象和另一隻未成年的小牛起衝突的畫面，青少年真是血氣方剛，小象和小牛真的就打起來了。不過牠們的媽媽們仍舊氣定神閒在旁吃草喝水，並沒有因為護子心切就和對方的家長槓上，只是把各自的孩子帶開，最後和平收場。不過我們這些捧著相機的觀眾倒是挺失望，肯亞觀光客的心態真是唯恐動物不亂呀！

非洲最危險動物

有此一說

台灣的水牛很溫馴，會幫農夫犁田，不過非洲水牛可一點也不友善，牠們倔強、易怒，尤其是落單的水牛，可千萬不要靠近，離遠一點比較好。水牛是群居動物，團體裡有嚴格的階級制度，階級的高低取決於戰鬥能力，比較強悍的就是老大，他們靠著一身的蠻力把位階拱上去，是天生的鬥士，不適合當人類的奴役。肯亞嚮導曾說，其實非洲動物裡最危險的不是獅子，也不是花豹，而是水牛。

草原短跑健將之
獵豹

獵豹和花豹光是在外型上，就有相當程度的不同。獵豹的體型比較小，花紋呈實心圓，而不像花豹一樣是排列成一朵朵小花狀的斑點。不過獵豹最明顯的特徵，莫過於臉上明顯的淚腺：兩道黑色的醒目線條，從眼睛沿著鼻子兩側延伸到嘴角。只要看到那張無辜表情上的兩道黑線，就可以立刻斷定這是獵豹，絕對不會花豹獵豹傻傻分不清楚。

很幸運地，我們剛到馬賽馬拉不久，就看到樹下休息的一群獵豹，牠們像之前看到在乘涼的獅子一樣，眼神呆滯地和我們大眼瞪小眼。

「那輛車在這裡停好久了，他們在等什麼嗎？」我們到附近繞了一會兒又回來，發現另一輛車仍然停在獵豹附近。「喔，他們在等獵豹起來跑步啦！」Jeremiah說。

等這幾隻樹下睡覺的懶蟲起來跑步？那輛車上的人還真是有閒情逸致，可惜到後來還是沒等到。話雖如此，不過在野外，看到獵豹的機率並不比花豹高到哪裡去，就算看到的只是休息狀態，也算十分難得了。

至於為什麼花那麼多時間等候，只是為了想看獵豹奔跑的樣子？原因很簡單，因為獵豹最為人所知的特徵，就是牠卓越的跑步速度。許多人形容獵豹是天生的跑步機器，當牠在追捕獵物的時候，可以在短短幾秒之內，從靜止加速到時速110公里的全速。這個速度正好也是高速公路的最高速限，要是獵豹在高速公路上跑得再快一點，就可能會因為超速而吃上罰單。

所以在野外看動物要注意，乖乖在車上看就好，絕對不可以為了好奇而下車，除非你自認為逃跑的速度可以比獵豹還快。

飆速驚人，但散熱系統差

獵豹的身體構造，幾乎可以說是為了能跑得快而特別打造的。體態輕盈而瘦長，視力絕佳，加大型的鼻孔讓牠在奔跑時可以吸進足

夠的氧氣，強而有力的心肺機能，則足以讓獵豹應付高速奔馳的嚴苛需求。這樣的速度優勢，理當讓獵豹在獵捕的過程中無往不利，不過事實上並非如此。

輕盈的體態，使得獵豹對大塊頭的動物沒輒，像斑馬這種體型的就不是獵豹的菜了。牠也不會白目到去和大型獵食動物搶腐肉吃，只能捕食較小的動物，像是羚羊、野兔之類的。獵豹之所以不在五霸之列，也許這是其中一個原因吧！

但是還有一個更致命的缺點，那就是獵豹急速奔跑的時候，體溫也跟著急速上升，這時候牠不得不減速，不然過熱的體溫會要了牠的命。換言之，獵豹無法應付長時間的奔跑，況且快跑後的獵豹需要時間恢復體力，特別虛弱的這個時候，甚至還會受到其它動物攻擊。

所以，獵豹雖然擁有速度這項絕佳武器，卻不能輕易出手，一旦決定衝刺，就必須有成功追捕到獵物的覺悟，因為要是不幸失敗，就會立刻讓自己陷入危機。於是，每一次的快跑，都是獵豹賭上性命的決鬥。

卓越與致命的特質集於一身，我們從獵豹身上看見自然界的奇妙。事實上，原野上的所有動物，有優勢也會有劣勢，看來軟弱的動物，其實也有牠們賴以維生的特質，比方說弱小如羚羊者，也會藉著大量繁殖來維繫物種。相對地，無法長時間奔跑的獵豹，應該也明白自身的限制，讓牠不能草率出擊吧！也因此，我們偶爾會看見跳上高處遠眺的獵豹，那是一種伺機而動的謹慎，在充分的休息之後，等待適當的機會，再一次全力出擊。

獵豹和花豹的親戚關係

有此一說

「獵豹為什麼不在非洲五霸裡頭？」走訪肯亞之後，偶爾我會有著這樣的疑問。「Big 5」裡頭有花豹，卻沒有看起來和花豹很像的獵豹，不曉得這究竟是怎麼一回事？直到查詢一些資料之後，意外地發現一件從來不知道的事。在動物分類學上，花豹和獅子都屬於貓科豹屬，獵豹則是屬於貓科獵豹屬，所以獵豹與花豹的關係，竟然還不如花豹與獅子來得接近？這也意味著獵豹和花豹的差別，遠比我們想像的要來得大。

驚心動魄的
牛羚大遷徙

　　很難用三言兩語形容牛羚的外表。像牛一般的牴角、像馬一般的尾巴、像山羊一樣的鬍鬚、像羚羊一樣的斑紋……乍看之下，根本就是把其它動物特徵東拼西湊而來的四不像。遠遠望去只見全身黑黑的，一點也沒有像獅子那樣的明星架勢。然而，外表看起來如此不討喜的動物，卻吸引全世界眾多人的矚目，甚至成為各地遊客不遠千里前來的最主要理由。

　　「什麼時候去馬賽河？好期待啊！」一抵達馬賽馬拉，我們迫不及待地問Joseph。他是我們接下來這兩天的導遊。相隔半年，第二次來肯亞，第二次來馬賽馬拉，不為其它，只因這裡有野生動物的大盛事——牛羚大遷徙。儘管看過照片，但是這種大場面，無論如何還是想親臨現場。

　　「明天就到馬賽河！」Joseph肯定的說。從飯店到馬賽河大約需1、2個小時車程，意味著欣賞牛羚大遷徙就是當天的唯一行程。Joseph為我們準備了簡單的餐盒，正好也藉這機會體驗看看，在大草原上野餐是什麼感覺。

　　馬賽馬拉和坦桑尼亞的塞倫蓋提串連成一片廣大的草原，包括牛羚在內的多種

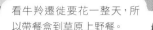

看牛羚遷徙要花一整天,所以帶餐盒到草原上野餐。

動物生存其間。逐水草而居的牛羚,終年在這片大草原不停遷移。每年4到6月是馬賽馬拉的雨季,雨季過後長出豐美的水草,牛羚的遷徙路徑也從賽倫蓋提返回此地,因此這個季節的馬賽馬拉,到處都是成群的牛羚。

這其中最引人注目、最震撼人心,也最令人期待的,莫過於牛羚大遷徙。因此每年7到10月就成為肯亞的旅遊旺季,全世界的遊客不遠千里前來,就是為了一睹牛羚渡河的那一幕。這段期間,馬賽馬拉的飯店也就一房難求。

每一次渡河都是搏命演出

「到了,我們就停在這裡等著。」Joseph將車子熄火。萬里晴空下,草原一如往常平靜,不遠處的前方只見一大群黑壓壓的動物來回走著,那是牛羚。並且有幾隻斑馬混在牛羚群裡。連引擎聲也沒有,看著四周好廣闊、好安靜的東非大草原,我不禁大口大口呼吸,享受這般原始的氣息。

這段時間沒事做,就只是等待看牛羚什麼時候才要開始過河。

半小時過去……。

　1小時過去……。

　「這張獅子的照片拍得不錯吧！」等待的時間太無趣，拍完四周的風景之後，我們竟反覆看起幾天來拍到的照片。附近的其它獵遊車上，甚至已經有人等到睡著了。

　「這個季節來到這裡，應該多半可以看到牛羚過河吧？」我不放心地確認。「喔，上星期有人連續來等了兩天，結果還是沒看到。」Joseph回答得自然，聽到後害我差點沒把剛喝下去的那口水噴出來。好樣的，真是謝謝這麼一針見血的「補充」！

　冷不防地，Joseph發動引擎，加足油門衝了出去。剛剛他接到的那通電話顯然是打來通風報信的：某處的牛羚開始過河了。

　過河現場的兩岸已經圍了十餘輛車。遠遠望去，只見河裡揚起滾滾沙塵，上千隻牛羚以排山倒海之姿衝鋒陷陣。大批牛羚其中的某一隻率先發難，靠著不知哪裡來的勇氣首先躍入河面，緊接著前仆後繼的其它牛羚，尾隨著衝進危機四伏的河道。

　「就是這個！牛羚過河了！」這時候當然是二話不說，拿起相機拉長了鏡頭，一陣狂按快門，深怕錯過了任何一個精彩畫面。數也數不清的好多牛羚，一隻接一隻、毫不猶豫地縱身躍入水中，在急流中奮力泳渡、掙扎，最後好不容易泳抵對岸。

　長得實在不體面的牛羚，跳躍入河的姿態倒是挺優美的。以揚起的塵土作為背景，當下竟讓人感覺到「壯士一去兮不復返」的豪氣。然而，看來單純的渡河，很可能途中就陷在河床的石縫中動彈不得，也可能遭到張大嘴守株待兔的鱷魚或河馬攻擊。每一次的渡河，事實上都是搏命演出。

　這個中午，我們接連看到兩大群的牛羚過河，顯然比上星期那等了兩天還沒看到的幸運多了。看著這樣壯觀的場面，我並不想多說什麼，這場景太奇妙，也太震撼。

過河後又是一條好漢！

　路上有獅子，河裡有鱷魚，但是大自然賦予的智慧，卻讓牠們懂得藉由集體行動，以「牛羚海戰術」分散天敵的注意力，在自然界適者生存的定律下，依然繁衍眾多，生生不息。

　如果說這是生命的奇蹟，我覺得並不為過。

長頸鹿‧斑馬
多到看不完

「不就是斑馬，還有分那麼多種喔？」

「長頸鹿？不就是動物園看到的那樣子嗎？」

　　就是因為太容易在動物園見到這些動物，讓我們幾乎都忘了，斑馬和長頸鹿其實都是原生於非洲的動物。不曉得在全世界那麼多的動物園裡頭，是不是真有一些動物，會像動畫電影「馬達加斯加」裡頭的斑馬「馬弟」(Marty)一樣，總是夢想著有一天能夠回到非洲的大草原？

　　這部動畫電影中，4隻動物主角一路折騰到續集，才不小心回到非洲大陸。同樣是來到東非大草原，想想，我們的路程比牠們容易多了。原生於非洲的斑馬、長頸鹿，雖然因為各地動物園都有，而變得全世界都看得到，不過在非洲草原看，與在動物園看的感覺還是相差太多。

　　動物園內因受限於空間，牠們只能在圈內安靜的活動和吃飼料，然而在肯亞野外看到的，卻是像回到家鄉的「馬弟」一般，在無邊無際的空間裡興奮得四處亂跑。縱使斑馬、長頸鹿在野外的數量極多，多到已經覺得完全失去新鮮感，不過那種野生動物所展現的自由、奔放，卻是關在籠子裡的動物完全無法呈現的狀態。

管它粗斑細斑，統統眼花撩亂

　　斑馬的條紋，黑白分明真漂亮，而且不同顏色的毛都不會長錯位置，以前的生物課從沒解釋過這件事，而且牠黑白分明的紋路，著實搶眼醒目。關於斑馬的斑紋，有說法認為這是一種保護。雖然黑白分明的外觀，對我們來說非常顯眼，不過對獅子這類貓科動物來說，因為辨色能力不好，斑馬的黑白條紋看起來反而變得眼花撩亂。如果這個說法成立，那麼一群奔跑的斑馬，獅子看了說不定會暈頭轉向呢？

我是細紋斑馬。

我是普通斑馬。

誰是普通斑馬,誰是細紋斑馬,你分出來了嗎?

現存的斑馬只有3大類,包括分布最廣的普通斑馬(或稱平原斑馬)、肯亞北部可以見到的細紋斑馬,另外就是生活在非洲南部,肯亞見不到的山斑馬。換言之,在肯亞看到的斑馬,種類是很容易區分的。普通斑馬是最常見的,當我們在動物大遷徙的季節來到馬賽馬拉,甚至見到整個草原上滿坑滿谷的斑馬。當中還有不少斑馬混在牛羚群中,隨著遷徙的隊伍行進。所以如果在牛羚群裡不小心看到白色皮毛,不用懷疑,那一定是混水摸魚躲在裡頭的斑馬。

　　細紋斑馬顧名思義,就是紋路比較細的斑馬。不過在野外乍見一匹斑馬,沒有比較基準的話,怎麼知道這紋路是粗的還是細的?有一個判斷方式,就是看看腹部的紋路,普通斑馬的紋路會延伸到腹部,細紋斑馬的腹部則是一片白。另外,據說細紋斑馬的體型也比較大,根據這原則很容易判斷的。所以下次到動物園看到斑馬,不妨試著分辨看看。

麻豆般的雙腿,女王般的氣質

　　如同斑馬一般,長頸鹿也不只一種。在肯亞比較有機會見到的,包括馬賽馬拉一帶的馬賽長頸鹿,以及山布魯等地的網紋長頸鹿,分辨的原則當然又是不同的花紋了。網紋長頸鹿的花樣比較四平八穩,方方正正的就像貼在地上的磁磚一般。馬賽長頸鹿的花紋就顯得比較活潑,呈現不規則形狀。

　　不管是哪一種長頸鹿,共同的特點是牠們的優雅姿態。我們很少有機會看到長頸鹿拔腿狂奔,多半是在草原上或樹林間慢慢散步,慢慢吃樹葉。當然一方面也是因為長頸鹿本來就不擅長跑步,據

要喝一口水,都得低頭屈膝彎腰啊!

我們是馬賽長頸鹿。

我們是網紋長頸鹿。

說若是遇到猛獸攻擊的話,也沒辦法跑太遠的距離。但是長頸鹿的腳卻很有力,遇到威脅的時候,狠狠踢一下甚至可以讓獅子當場腦袋開花,所以真的遇到兇猛動物的時候,溫和的長頸鹿也未必吃虧,這又是生態系保持平衡的一個有趣例子。

如果覺得光看長頸鹿吃樹葉不夠刺激過癮,回到奈洛比之後,也可以考慮走訪位在蘭佳塔區的長頸鹿中心,那裡可以體驗餵食長頸鹿的樂趣,手捧著飼料站在2樓的高度,長頸鹿就會把頭伸過來吃。即使是這樣溫和的動物,能夠這麼近距離接觸的機會,其實也非常難得吧?

有此一說

麒麟就是長頸鹿?

關於長頸鹿又有個有趣的典故。1414年,鄭和將長頸鹿從孟加拉帶回中國朝貢,由於長頸鹿的索馬利語稱為「Giri」,外型又與神話的敘述有幾分相似,在中國就被稱作「麒麟」了。一直到現在,日語和韓語的長頸鹿也都讀作「麒麟」(Kirin)。而古書記載的麒麟,最早是出於孔子《春秋》,其中提到「西狩獲麟」,這裡所指的麟就是我們一般所傳的神獸,而台語發音的「麒麟」則是指「長頸鹿」,是不一樣的動物。

動感舞蹈家之
羚羊

「羚羊!那裡,好多好多!」剛抵達肯亞,在經過數小時枯燥又顛簸的車程之後,忽然間看到草原上好多好多的羚羊,不禁語無倫次地叫了起來。3、4天之後……

「又是黑斑羚啊?喔!」拿著相機的手連動也懶得動。實在不是因為羚羊長得不好看,而是因為肯

正在水邊暢飲的水羚。

亞的羚羊分布實在太普遍,每一次獵遊的時候,不管到哪裡,都可以看到靜靜吃草的各種羚羊。所謂物以稀為貴,常常看到的動物,到最後難免讓人覺得不再稀奇。那種以為尋常的感覺,彷彿我們看待平常吃的米飯一般。

米飯?這個類比太奇怪了吧?一點都不奇怪。特別是對獅子、花豹這些肉食的動

黑斑羚就近在眼前。

水羚媽媽和水羚寶寶。

物明星來說,為數眾多的羚羊,理所當然地成為牠們的食物來源之一,就像我們將米飯視為主食一樣。

不必因此覺得殘忍,在非洲的原野上,弱肉強食原本就是大自然的運作鐵則。也不必為這群食物鏈中的犧牲者耽心,因為牠們相對地也有維持物種存續的方式。比方說,羚羊的快腿是眾所周知的,一旦發現危險,趕緊三步併作兩步趕快逃走。另外,群體生活的習性,也有助於牠們保命。即使生存威脅環伺,羚羊依然有辦法繁衍眾多,成為非洲招牌動物的另一典範。

曲線美,動感佳

肯亞的羚羊不只數目多,種類也多,每年7、8月吸引全球遊客矚目的牛羚,只是眾多種類當中的一種。其它種類的羚羊雖然不像牛羚一般,有著年度大遷徙這種大製作大排場,不過說實在的,外型都比牛羚體面多了。

水羚(Waterbuck)是我們在肯亞遇到的第一隻羚羊,牠的外型是我認為最亮眼的。漂亮的褐色,頸部附近一圈白色的皮毛,雄水羚有對長長的牴角,看起來十分帥氣。從水羚這個名字就可以知道,牠生活在有水的地方,因此常常可以看見水羚在水邊喝水的畫面。

黑斑羚(Impala)又稱作高角羚、飛羚,稱作飛羚自然是因為奔跑的速度相當快,稱作高角羚的理由,則是因為雄性顯眼的牴角,先往後再往上彎,具有一種獨特的美感。當黑斑羚在草原上奔跑的時候,飛躍的身影加上富有曲線的牴角,無疑是動感二字的最佳代言。

當我們即將進入馬賽馬拉的時候,那令人看了忽然熱血起來的畫面,就是草原上非常多的湯氏瞪羚(Thomson's Gazalle),腹部棕、黑、白依序排列的條紋,是牠們的註冊商標。牠們的體型並不大,一大群湯氏瞪羚在草原上跑來跑去的樣子,就像下課時間的小學操場一樣,散發著活躍的生命力,當我在熱氣球上看到這一幕活潑

長頸羚:「這棵樹又長高了……」

的畫面,竟然覺得有些感動。

也有一些羚羊的長相是很搞笑的。牛羚(Wildebeast)這隻四不像就不提了,另外像是黑面狷羚(Topi),身上的毛色已經夠深了,臉部和腿部甚至還有大片的紫黑色斑塊,看起來簡直就是剛剛才被海扁過的樣子啊!

敏捷迅速又可愛

來到位置偏北的山布魯與甜水,我們又有機會見到好幾種其它不同的羚羊,比較常看到的是科氏犬羚,牠的英文名字「Dik-dik」唸起來就覺得很可愛。事實上這種羚羊也真的是隻小不點,對獅子而言說不定真的只能塞牙縫。也許因為個頭小,個性也十分害羞呢!我們稍一接近,牠就急急忙忙逃跑了,所以要拍照的話,動作一定要相當迅速,不然等到牠們走光光,就只能拍了光是風景的「走光」圖了。

長頸羚(Gerenuk)也是一種有趣的羚羊,頸子長長的,頭部小小的,牠不像其它的羚羊一樣吃草,而是吃樹葉。偏偏牠的吃相又不像長頸鹿那樣優雅,竟然是躍起前腳,只用後腳站立,一副存心想要爬到樹上大吃特吃的樣子,模樣相當可愛。

巨羚:「我住在奈洛比國家公園。」

黑面狷羚:「黑面蔡就是我啦!」

劍羚 (Oryx) 又是一種長得很有個性的羚羊。牠的牴角又長又直，臉上黑白相間的斑紋，好像國劇臉譜一樣，看起來格外醒目。

劍羚：「我有國劇臉。」

巨羚 (Eland) 顧名思義，就是長得很大隻的羚羊。如果要我形容的話，我覺得牠看起來倒是比較像一頭牛。雖然塊頭不小，不過據說動作還挺靈活的。有一次我們在甜水遇到一群巨羚，明明還距離大老遠的，就看到牠們轉身要跑了。這也太靈活了吧？真是枉費那麼大的塊頭，沒想到竟然和科氏犬羚一樣害羞。

在肯亞的野外，羚羊到處都有，而且種類繁多，初來乍到肯定看了眼花瞭亂。雖然沒有五霸的明星架勢，不過這群平凡的動物也有可觀之處，至少每一種羚羊的獨特外觀，都帶著獨特的個性與美感。有機會的話，不妨試著認識這群飛躍在大地上的身影，畢竟在非洲，牠們可算是頗具代表性的動物呢！

黑斑羚：「今天換我值日站崗。」

科氏犬羚：「你在看我嗎？」

肯亞Fun鬆玩

草原上一群一群動感的生命，
　　　　　遠看是壯觀、是熱血，
　　近看又是逗趣、是真實。

　　無論在城市裡、荒野間、街頭上，遇見純樸的人、
　　　　　　　異想天開的事、遼闊的景，
　　都讓我們發自內心驚嘆：
　　　　　　　　他們實在太有趣了！

好司機
帶你上天堂

獵遊車的內裝，和一般箱型車沒有太大差別。

　　走訪肯亞必看的重點，簡單來說，不外乎就是動物、動物、動物。既然看動物這件事在肯亞這麼重要，不同的地方也因地制宜，發展出各自的不同方式。例如在奈瓦夏湖，我們乘船深入湖心看河馬，在馬賽馬拉的時候，起了個大早坐熱氣球從空中看大地，住在阿布岱爾的話，乾脆連出門也免了，房間的陽台上就可以看得到動物。不過，在這麼多方式當中，當然還是搭乘獵遊車，直接深入動物的巢穴最過癮。

　　所謂獵遊車，就是特別為野外看動物而設計的車輛。外觀和箱型車或休旅車類似，不過車頂可以整個打開。對，是整個打開，不是那種小的要命、只能讓一個人探出頭的天窗。這樣乘客在車內就可以站起來看車外，享受絕佳的視野。

　　「那這種車子會不會很難開？」嗯，這是個好問題，可惜我不知道，畢竟沒有開過。因為在肯亞，我們完全不建議自己租車開，一來有些地方路況非常差，再者就算

在奈洛比機場與馬賽馬拉遇到的夏威夷大叔，人家玩肯亞是做足功課的，手上一本獵遊參考書，記載動物習性鉅細靡遺。

好不容易到達國家公園，卻不知道哪裡才可以找得到動物，那等於是白來一趟。事實上，人家那些司機大哥可是有練過的。

車頂可以打開，方便遊客站起來拍照。

經驗值比GPS更有價值

正所謂「好的司機帶你上天堂，不好的司機讓你想撞牆」，司機的經驗值愈高，愈是知道動物的習性。他們的超強眼力，硬是可以在看似普通的草叢裡，熊熊看見躲藏在裡頭東倒西歪的一群獅子。

「哇……你怎麼知道這裡有獅子的啊？」我們問過每一個司機這個問題。

「啊……我也說不上來，反正就是經驗啦！」他們的回答如出一轍。

不可否認地，找動物也需要一些運氣。但是果真什麼都沒看到的話，怎麼對得起大老遠來自世界各地的遊客？所以司機之間也有一套互相支援的系統，彼此之間透過無線電、手機，或是會車的時候交換情報，以確保遊客都能看到最多的動物。

如果他們有個「司機守則」之類的東西，第一條一定是「大方分享，互相幫助，不容有自私暗槓之行為。」

「那……這野外每個地方看起來都長得一個樣子，你們怎麼告訴彼此正確的位置？」我忍不住又問過每一個司機。

「啊……這個也是經驗、經驗啦！」原來經驗值比GPS更有價值。

反正來到動物的地盤，找動物這件事就讓專業的來吧！只要準備好你的長焦鏡頭、望遠鏡，和一顆期待而愉悅的心，我們隨時可以開始一趟精彩的肯亞獵遊之旅！

跟對好司機很重要。這是我們初遊肯亞的好司機 Jeremiah。

在山布魯發現花豹時，獵遊車全部集合到此，頓時間滿坑滿谷都是獵遊車

小心！
狒狒就在你身邊

狒狒真的就在身邊。

特地來到肯亞看野生動物，相信大家都會希望可以距離動物近一點，這樣子可以看得更清楚一點。不過，有時候也有例外。

「後面這個玻璃門，是可以打開走出去的，不過如果你們不在房間的話，一定要記得關上！」check in之後，飯店的工作人員詳細交代。

「怕遭小偷嗎？」不會吧，都已經這麼荒郊野外了，治安還如此之差？

「唔……是啊，如果狒狒或者猴子也算小偷的話。」

狒狒和猴子，這兩種和人類一樣屬於靈長類的動物，卻也最不受歡迎。工作人員強調，有些動物還真的會跑到房間裡面，悄悄拿了些東西就跑，到時候就算報警也沒用，總不能叫猴子打工賠償，還是把狒狒送進大牢裡頭吧！

當地常見的藍猴(Blue monkey)，為什麼叫做藍猴？看這圖就知道了，因為LP是藍色的。

「這棍子……是做什麼用的？」納庫魯湖的飯店裡，餐廳外有位工作人員看守，手上拿著一隻打狗棒。　這是打狗棒！

「趕狒狒啊！」

事情是這樣的。這家飯

拿著打狗棒準備趕狒狒的工作人員。

店的餐廳,有好幾個座位是在走廊上,或者是露天的空間。餐廳外設有鐵絲網,不過對這群精明得過頭的靈長目動物來說,根本只是聊備一格,遊客吃東西吃到一半,桌上的食物連盤子一起被狒狒搶走的烏龍事,還是可能會發生的。

當下我們做出決定:「我想,我們還是坐室內的座位好了。」

馬賽馬拉的飯店門外,好多獵遊車停放著,車頂都還是開著的,方便接著隨時可以出發看動物去。

開著的車頂,也方便旁邊虎視眈眈的猴子跑來作怪。

「哇,那隻猴子跑到車頂上去了耶!」

「這算什麼,你看那輛車,猴子還跑到裡面去了咧!」

「該不會接下來牠就把車子發動開走吧!」

就算心知肚明猴子沒這本事,不過相信所有司機下車的時候,應該都會記得把鑰匙拔下帶走。畢竟碰到這種喜歡偷東西搶食物的討厭鬼,也只好自己多留意些了!

哈庫那瑪塔塔

多年前上映的迪士尼動畫電影《獅子王》，故事的舞台就是非洲草原。這部紅遍全世界的電影，其中的配樂與故事，直到多年後的今天仍讓許多人回味無窮。

這部動畫電影的角色與劇情純屬虛構，不過角色的形象可不是虛構，而是非洲大地上真實存在的動物。如果熟悉電影劇情的話，説不定也可以試著在肯亞的國家公園裡，找找看這些動物，這樣的玩法，也別有一番趣味。

大半時間倒頭猛睡的獅子，看不出「獅子王」的架勢，不過至少小辛巴的樣子還挺接近動畫裡的樣子。對，就是趴著猛打呵欠，纏著母獅跳上跳下的那副模樣。

辛巴(Simba)是《獅子王》的主角，在史瓦希利語當中，Simba 這個字其實就是

你想，彭彭找得到我們嗎？

獅子的意思。每次出外Game Drive的時候，只要有人發現獅子，周圍必定是好幾輛獵遊車圍觀，可見辛巴不但在劇中當主角，在肯亞的獵遊之旅也是主角呢！

除了主角之外，只要對這部電影還有印象，相信一定不會忘了辛巴落難時的好朋友「彭彭」(Pumbaa)和「丁滿」(Timon)。這兩隻動物的高人氣，甚至讓迪士尼繼續為他們量身訂做《彭彭丁滿歷險記》，繼續活躍於螢光幕前，沒完沒了。

丁滿是一隻狐獴(Meerkat)，這是非洲南部的動物，肯亞見不到。不過彭彭就比較容易在肯亞見到了，外型逗趣的彭彭是一隻疣豬(Warthog)，在非洲看到的疣豬就像彭彭一樣，具有豬鼻子和獠牙的招牌造型。別看疣豬一副蠢樣，牠可是世界上少數極耐乾旱的動物，就算是在山布魯那樣炎熱的乾旱地帶，還是常常可以看到牠在乾涸的河道裡跑來跑去呢！

疣豬顯眼的獠牙，暗示著牠應有相當的攻擊能力，只是每當我們在野外遇到，車子一靠近，牠們就拔腿開溜，害羞的咧！這點倒很難讓人聯想到電影裡的彭彭，那個帶給辛巴「哈庫那瑪塔塔」這個生活哲學的彭彭(史瓦希利語的「哈庫那瑪塔塔」，具有「沒問題，沒關係，沒煩惱，無憂無慮」的意思)。

有機會來到肯亞的話，不妨也試著找找動畫中出現過的其他角色，像是榮耀王國的幾位老臣：狒狒巫師拉飛奇(Rafiki)、神經兮兮的犀鳥情報官沙祖(Zazu)，以及刀疤手下的幾隻斑點鬣狗(電影中譯為土狼)：桑琪(Shenzi)、艾德(Ed)、班仔(Banzai)。用這個方式來看動物，單純的看動物行程將會更有趣。

萬一運氣不好，沒辦法找到那麼多動物的話呢？那就想想彭彭丁滿的生活哲學：哈庫那瑪塔塔吧！

實際上看起來沒那麼討人厭的斑點鬣狗

辛巴這小子跑哪去了？算了，哈庫那瑪塔塔！

看明星吃草原大餐

只要在肯亞多待幾天，相信大家都會希望不光只是看到動物。我的意思是說，一開始覺得看到獅子大象就心滿意足，到後來卻會期待一些比較特別的畫面，最起碼不是只看到那些光顧著打盹，或者只會走台步的明星而已。

那天結束熱氣球的體驗，在草原上用完早餐之後，返回飯店的路上，意外地看到另外一場草原上的早餐。

「Lion？」司機Joseph望著遠方，一邊拿起望遠鏡確認。

沒錯，是一群獅子。而且這次簡直是中大獎啦，這群獅子正在享用早餐呢！兩隻有著一頭漂亮鬃毛的獅子，一大群母獅加小獅，還有圍在中間的獵物。

在一旁的其他遊客，早已經等不及，拿起「獵槍」咔嚓咔嚓拼命按快門了。

「親愛的，來吃早餐囉！」(設計對白)

「你要吃沙朗還是菲力？」(設計對白)

「小辛巴，注意你的吃相。」(設計對白)

不要一直盯著這邊看，
這是我們要吃的啦！

　　躺在地上的是倒楣牛羚,一大清早就成為獅群的活力早餐,公獅母獅小獅圍在旁邊,看起來就像是一場家庭聚餐。

　　母獅大口咬著牛羚背上的肉,神情很陶醉。

　　小獅咬下一片肉到旁邊自顧自地吃著。

　　公獅在一旁看了一會兒,隨即也加入共享大餐的行列。

　　另外一場草原上的大餐,主角是一點也不討喜的禿鷹,雖然如此還是引來一群人圍觀。

　　圍在禿鷹之間的骨頭,早已看不出原本屬於哪一種動物了。在食物鏈中的角色,禿鷹算是清除者,換句話說,牠們專門吃獅子、獵豹留下的剩菜剩飯,所以這些已經被啃過的骨頭,看不出原本是什麼,這也沒什麼好奇怪的。

　　「喂,那邊那群人是怎樣,我們吃飯有啥好看的?」(設計對白)

　　「管他的,趕快吃就是了。」(設計對白)

　　雖然外型很不討喜,不過當我們看到禿鷹大快朵頤的時候,也別忘了心存感謝,畢竟牠們作為清除者的角色,清除看起來很噁心的腐肉,同時很巧妙地維持了大地生態的健康呢!

親親·抱抱
不打不相識

「我們都把車開到牠面前了，這些睡到一半的獅子看到我們，不曉得怎麼想的？」

或許這是人們常有的疑問吧！不論是看到野外的動物，或是自家飼養的寵物，我們多少會想知道，這些動物到底都在想些什麼。因為沒有可以溝通的共同語言，我們只好藉著動物的姿態、動作來判斷。至於野地裡這麼多不同的動物，不知道是不是也有難以溝通的困擾？

也許在牠們彼此之間，正透過我們所不知道的方式傳達訊息，包括彼此的需求、友好，甚至敵意。

與人類同屬靈長目的猴子，牠們的動作應該是最容易懂的了！當一群猴子同時出現的時候，最常見到的場面就是彼此抓癢，就算有人走近了，牠們仍然陶醉在抓與

好慘啊～

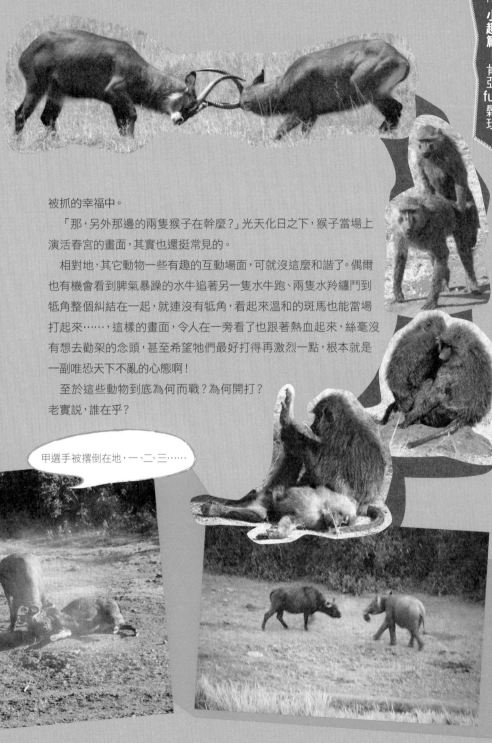

被抓的幸福中。

「那，另外那邊的兩隻猴子在幹麼？」光天化日之下，猴子當場上演活春宮的畫面，其實也還挺常見的。

相對地，其它動物一些有趣的互動場面，可就沒這麼和諧了。偶爾也有機會看到脾氣暴躁的水牛追著另一隻水牛跑、兩隻水羚纏鬥到牴角整個糾結在一起，就連沒有牴角，看起來溫和的斑馬也能當場打起來……，這樣的畫面，令人在一旁看了也跟著熱血起來，絲毫沒有想去勸架的念頭，甚至希望牠們最好打得再激烈一點，根本就是一副唯恐天下不亂的心態啊！

至於這動物到底為何而戰？為何開打？

老實說，誰在乎？

甲選手被撂倒在地，一、二、三……

過馬路
「動物」優先

　　紅燈停，綠燈行。過馬路的時候，記得注意兩旁來車，快樂出門，平安回家。

　　除了沒有紅綠燈以外，我們從小學會的交通安全守則，肯亞的野生動物似乎也清楚。走在國家公園裡的道路上，經常看到動物成群結隊過馬路。

　　「那裡有一群羚羊在過馬路耶！」不愧是飛躍在草原上的飛毛腿，羚羊群連跑帶跳很快地通過馬路。

動物過馬路，車輛止步！

　　「哇！一整排大象！」大象、小象排排站，龐然大物過馬路，果然聲勢浩大，就算是大剌剌地闖紅燈，想必也沒有車子敢隨便靠近招惹。

　　「獅子也來過馬路了？」百獸之王過馬路果然是大搖大擺，但還是不時張望兩旁，留意著是不是有車子靠近。

大象過馬路。

裝死一下……

好像沒人理我?

算了,等下被車撞才夭壽喔!

「鳥類也用走的過馬路?」既然有翅膀,用飛的不是比較快嗎?

「咦?這種荒郊野外怎麼會有斑馬線?」遊客不能下車的地方,卻遠遠看見前面有一道斑馬線?真奇怪。

結果,我們一靠近,這個斑馬線竟然跳起來跑掉了。唉,其實那是倒在地上裝死的斑馬啦!因為是斑「馬」,難怪真的把「馬」路當作是自家開的,毫不客氣地倒下來呼呼大睡。

由於是我們踏上動物的地盤,萬一真的遇到有動物擋在前面,別忘了「行人」優先的原則,發揮一點耐心多等等,順便慢慢欣賞動物過馬路的姿態吧!畢竟在這之後,我們再也不會有機會用「大象正在過馬路」當成塞車遲到的藉口了!

冠頂鶴過馬路。(怎麼不用飛的?)

獅子也要過馬路。

黑面狷羚過馬路。

在牠們面前，誰敢稱
可愛教主

飯店裡，草地上不時出現一種跑來跑去的小動物，細長的身體上有著褐色的條紋，尾巴和軀幹幾乎一樣長，這是在非洲頗為常見，名叫「獴」(Mongoose)的動物。獴的頭小、鼻子尖，臉型看起來簡直就像黃鼠狼一樣。不過小而靈活的身體，在房門外亂竄，模樣相當可愛。

常常可以在集體行動的一群獴當中，見到其中有一隻用後腳站立四處張望，遠遠地看起來，簡直就像地面上立著一只棕色的寶特瓶。這隻擔任守衛兵的獴，讓群體中的其它夥伴可以安心尋找食物，在草地上努力尋找植物的根莖、昆蟲……。

你以為這隻可愛動物的能耐就只有這樣嗎？錯了！

令人吃驚的，褐色毛絨絨的體態，看起來似乎沒什麼攻擊性，實際上獴可是捕蛇高手。因為身體能夠抵抗蛇的毒液，加上敏捷的動作，兇猛的蛇一旦遇到了獴，其實討不到什麼便宜，有時三兩下就被獴擺平，還來不及出手就被牠大口吞下肚了。動物界的互動關係，有時候遠遠超乎我們的想像呢！

我來把風。

別惹我，我是捕蛇高手！

躲在樹叢間探頭探腦的蹄兔。

原來《聖經》說的沙番在這裡

同樣是飯店房門外常常出現的訪客，這一次我們看見的是蹄兔。

蹄兔？那是啥？

有個牌子寫著：「請勿驚嚇蹄兔」。

如果不是親自到肯亞走一趟，我還真的沒聽過這種動物。蹄兔(Hyrax)雖然名字裡頭有個「兔」，看起來倒比較像天竺鼠，不過尾巴短得多，長得胖胖的，耳朵小小的，只要一看到牠的可愛模樣，保證會很喜歡的。

住在馬賽馬拉 Serena 飯店的時候，房門一打開，就可以看到門前的樹叢裡，一身灰毛的蹄兔正在探頭探腦的。看起來挺害羞的，但是動作又很靈活，體型雖胖，卻能在石縫裡自由地穿梭。據說蹄兔在希伯來文稱作「沙番」(Shafan)，有「隱藏者」的意思，或許就是因為有著柔軟身段，可以輕易躲進岩石底下的特性吧！

曾經在聖經《箴言》裡頭讀過這樣一段話：「地上有四樣小物，卻甚聰明……沙番是軟弱之類，卻在磐石中造房。」以前都不曉得沙番到底是什麼樣的動物，等到真正見到了，才知道牠不僅是外型很可愛，還是懂得在堅固岩石中建立棲身之處的聰明動物呢！

非洲天空美麗的 飛翔軌跡

　　「噓！小心一點，不要靠太近，才不會把牠嚇跑。」飯店房間的後門外，草地上出現一隻不知名的小鳥，色彩十分鮮豔，我們拿著相機躡手躡腳地靠近。

　　「顏色這麼花俏顯眼，難道都不怕被別的動物吃掉嗎？」從那一刻起，我們一直有著這樣的疑問。非洲不只動物多，連鳥類都是誇張的繽紛燦爛。不管是在飯店、在野外，偶爾遇到停在樹枝上的一隻小鳥，亮麗的外表都會令人驚豔，縱使牠在這麼遼闊的天地間，也只是如此微不足道的存在。

　　抵達肯亞之後，我們見到的第一隻野生動物，並不是地上跑的非洲五霸，而是天上飛的鳥類。從機場進入奈洛比市區的路上，偶爾看見圓環上停著一隻非洲禿鸛。牠可以輕鬆飛過奈洛比國家公園的圍牆，大方地停在路旁的高樓樓頂。

　　拍飛鳥遠比拍其它動物困難，除非使用超長焦段的鏡頭，不然很難拍得清楚。偏偏一般人並不會攜帶那麼專業的器材。即使如此，在野外有機會見到鳥類飛過，就算沒辦法拍下牠飛行的姿態，最起碼還是可以好好欣賞飛行時美麗的身影。當下的感動，是無法用照片記錄取代的。

鵜鶘空中飛，紅鶴水中戲。

織布鳥的巢掛滿枝頭。

色彩亮麗的栗頭麗椋鳥 (Superb Starling)。

藍的發亮的輝椋鳥 (Glossy Starling)。

　　有時則是只見到某些鳥類留下的記號，縱使這些鳥類當時不曉得飛到哪裡去了。

　　「樹上掛著那些東西是什麼？」山布魯的野外，已經沒什麼樹葉的樹上，垂掛著好多一球一球白白的東西。

　　「喔，那是織布鳥的鳥巢啦！」公的織布鳥一輩子最重要的事情就是築巢，能不能把房子蓋好，可是關係著牠能不能討到老婆呢！原來樹上掛著那麼多的鳥巢，竟是一篇篇愛情與失戀的故事。

　　Game Drive看動物途中，也會遇到一些體型較大的鳥類，牠們一樣有著美麗的外表。像是宛如頭戴皇冠的冠頂鶴，頭毛像耳朵夾著一支筆的祕書鳥，當牠們在地面行走時，個個姿態優雅，展翅高飛時，也為非洲熱情的天空，畫下一道美麗的飛翔軌跡。

食蜂鳥(Bee-eater)。

祕書鳥(Secretary Bird)。

徘徊在
傳統與現代之間

「怎麼不用打火機呢？」

「你覺得我們的方法很沒效率嗎？」穿著傳統紅衣的馬賽嚮導抬起頭，緩緩說著。

「呃……」平心而論，雖然沒有打火機那麼迅速，不過這鑽木取火的效率還真是不差。大老一邊示範時，我一邊計算時間：從一開始到火點著，才花了不到2分鐘，令人不由得對他們的純熟功夫嘖嘖稱奇。叫我自己用這種方式生火的話，就算搓到手起泡，想必還是點不起來吧！

這個半遊牧民族叫做馬賽人，生活在肯亞與坦桑尼亞的交界附近。「馬賽馬拉」這個地名就是源於馬賽語，意指「馬賽人居住的土地」。

穿越環繞著馬賽村的籬笆，彷彿走過時光隧道一般。走到隧道的盡頭，只見籬笆圈成的一塊空地，那是牲畜晚上休息的地方，空地四周圍著幾間低矮的房子。「我們的規矩是這樣啦，女人要負責蓋房子，男人負責蓋籬笆，還要把牲畜帶到外面去覓食。」雖說蓋房子也算粗重工作，不過世界上普遍以男主外女主內的傳統，在這個民族倒也不見例外。

「要進去看看嗎？」嚮導問。

「當然好啊！」既然來了，哪有不進去參觀的道理？

歡迎蒞臨寒舍，這是我老婆蓋的喔！

馬賽人專業生火術，兩分鐘搞定。

嚮導一邊介紹這房子怎麼蓋的，「……我們這房子呢，原料基本上是就地取材，像是泥巴、樹枝，再加上一些尿液、牛糞……」一聽他這麼說，我們下意識地開始憋住氣，即使他仍然講得口沫橫飛。

我想起當初安排行程時，確實看到資料提到：裡頭很暗，而且許多蒼蠅飛來飛去，氣味也不太好聞，保證進去沒多久就想衝出來……，實際走訪果然不假。走訪馬賽村這一趟，我想可以證明一件事，就是早已習慣現代生活的我們，如果哪天被迫要改過原始人的生活，肯定難以適應。

至於對馬賽人而言呢？事實上，已經進入21世紀的今天，馬賽人也同樣站在傳統與現代的交叉路口。他們希望維持傳統的生活方式，但是文明的進逼、地球環境的變遷，都帶來生活上的直接衝擊。

「所以我們也要設法適應這些變化。」嚮導表示。若干年前，馬賽人開始對前來參觀的遊客收取每人20至30美元的費用，用來改善村落的衛生，並且設立學校，讓馬賽小孩具備與外界往來的能力，這就形成了現今馬賽村的面貌。有英語流利的嚮導、有遵循古法建造的房屋、有傳統歌舞、有手工紀念品，但所謂的傳統，恐怕也已如當前世上多種文化一樣，隨著現代文明的腳步，一去不復返。

馬賽村裡的迷你學校。

檢查哨掛著水牛頭骨，似乎在警告眾人：誰敢造次？

第一次
偷渡 就上手

　　對肯亞土地上的眾多野生動物而言，人為的國界毫無意義。這些動物基於本能，隨著季節改變而遷徙，什麼護照簽證通通不需要。正因為如此，動物得以在這片大地上無拘束的生活，我們才有像牛羚大遷徙這樣的壯觀場面可看。

　　「這是往坦桑尼亞的方向嗎？」離開馬賽馬拉的路上，偶然瞥見路旁不起眼的路標，上頭標示鄰國的國名，我立刻和司機大哥Jeremiah確認。「對啊，我們待會兒就會經過邊界。」雖然直覺方向和預定前往的目的地不太一致，但是畢竟開車的是當地人，他說了當然就算。事實上我也想看看所謂國界到底長什麼樣子。

　　「到了，可是我們只能停一下下，低調點拍完照就趕快上路吧！」從前一晚下榻的飯店出發至此，並沒有花上太多時間，這才發現，原來我們大老遠從奈洛比來到馬賽馬拉的同時，也已經不知不覺地到達肯亞的邊境。

可是……這邊界怎麼盡是一大片空空的，和印象中應該戒備森嚴的情境相去甚遠。環顧四周，只看到一座石碑而已。這樣的邊界不但對動物不設防，對人恐怕也是。話說回來，這個界碑倒也算是有模有樣，起碼比一個人的身高要高出許多。

既然都來了，不拍照留念就說不過去啦！於是我們下車停留2、3分鐘，開心地在界碑兩旁來來去去，一會兒在肯亞境內，一會兒又踩在坦桑尼亞的土地上。老實說，這行徑還真是有些愚蠢。

不過能夠不必辦簽證就多跑一個國家，這機會也很罕見。藉著這種簡易的偷渡方式，我很厚顏無恥地在自己的旅行版圖上增加了一個國家，即使真正踏上這個國家的時間，實際上也不過才短短數十秒而已。

別懷疑，它真的是界碑。

國家公園
外一章

「我想……和你們打個商量。這個孩子希望搭個便車，不曉得方不方便？」Jeremiah回頭問我們。車門外是個就讀中學的男孩，準備要從家裡去到學校。

「當然可以啊！」

這一段路多一個人搭便車，對我們而言並沒有什麼差別，不過對這個男孩來說，卻是幫了大忙，因為他到學校的這趟路，就足足有3小時車程。

3小時！對，就是這麼久。而且對收入普遍不高的肯亞人而言，這段路程的交通費用勢必是一大負擔。一個中學生就得大老遠離家求學，這辛苦也不是我們所能想像。

離開國家公園大門之後，路旁看到的不再是數不盡的野生動物，而是肯亞人日常生活的面貌：

穿著紅衣的馬賽人趕著一群牛走過。有時候這群牛大搖大

前往屠宰場的待宰羔羊。

漫漫長路，路邊的紀念品店就是休息站，其中有不少別具特色的廁所。

擺地走在馬路上，車子反而非讓路不可。Jeremiah指著前面說：「ㄎㄠˋ」。喔，不是在罵人啦！他說的是「cow」。

路旁偶爾有搭起棚子賣水果的。不過旅遊資訊幾乎都異口同聲說，不要吃那裡賣的食物，儘管水果看起來真的很可口。畢竟在衛生條件完全無法保證的地方，天曉得吃下肚之後會發生什麼事。

小鎮市集人來人往，熱鬧程度有如我們的傳統市場。

路況極差，塵土飛揚的路上，仍不時可見頂著糟糕空氣、趕著驢子載著貨物趕路的人。是要去市集交易的嗎？那倒還真像兒歌裡的情境：「我有一隻小毛驢……有一天我心血來潮騎著去趕集。」不過他們可不是心血來潮，而是相當辛苦在工作。

儘管只是乘車路過的匆匆一瞥，卻帶來與欣賞野生動物完全不同的感受。而這不一樣的感受，才是當地人生活的真實印象。

我有一隻小毛驢，我從來也不騎

路旁賣的水果，看看就好，可別真買來吃。

超級 馬拉松 跑道

在肯亞的廣大原野看野生動物，是非常過癮的一件事，不過不同景點之間的交通就頗為折騰了。動輒6、7個小時的長途拉車，總是翻過幾座山才到得了目的地。這麼長的車程，睡了好幾覺醒來都還沒抵達目的地，只好坐車看風景。

「嘿！有人在跑步耶！」司機Jeremiah自豪地說。自豪？又不是他在跑。我看著車窗外，一開始覺得路上有人跑步並不是什麼大不了的事。

「你們知道嗎？肯亞有非常多的馬拉松選手，他們最喜歡利用這段路練跑。」Jeremiah進一步解釋，這段通往阿布岱爾的山路，高低落差明顯，整段都是品質不錯的柏油路，因而成為馬拉松選手練習的絕佳跑道。

真的耶！短短幾公里路程，我看見路旁跑步的不下數十人，有三三兩兩、有一整群的、有青年、有少年，每個選手跑起來都是一派輕鬆，彷彿是把跑步當作是娛樂一般的感覺，光是從一旁看他們跑，都會有躍躍欲試的衝動。那時我忽然想起，每當台灣舉辦國際性的馬拉松賽事，確實經常有來自肯亞的選手奪冠。

於是我瞭解Jeremiah的自豪從何而來，這就是身為馬拉松大國國民的驕傲。

獵戶座的腰帶、肩膀與腳

發現
南十字星

　　比地平線稍高，仰角20度左右的位置，4顆星星在夜空中的一小塊範圍裡各據一方。看見那4顆星星的時候，我直覺地想像其間兩條虛擬的線，交會成醒目的十字。

　　「南十字星！」我驚呼。

　　理應對這個星座很不熟悉才是。南十字星屬於南天星座，要到北緯20度以南的地方才比較有機會露臉，換言之，在台灣幾乎沒什麼機會見到。可是看到這4顆星星的當下，我卻有一種好像見到久違朋友的熟悉感。

　　多虧了原野上毫無光害的天空。縱使那晚應該是「月明星稀」的滿月夜晚，夜空中閃熠的點點星辰，仍然遠遠多過平時在城市裡所能見到的。這樣的天空，較之白天聚集眾多野生動物的原野，其實並不遜色。

奈瓦夏附近的地面上有巨大
圓形，不曉得是甚麼？難道是
麥田圈？也許是也許不是。

搭飛機像搭巴士

「託運行李就這2件嗎？」機場工作人員一邊在我們的皮箱繫上行李掛牌，旋即轉身把我們的行李拖到跑道旁，然後就不見人影。有沒有搞錯，我都還沒拿出護照機票啊！這肯定是我見過最鬆散的機場安檢。就連行李託運這回事，都是工作人員憑感覺估計重量，現場連個磅秤都沒看到(害我還一直擔心行李會不會超重)。

鄉下小機場，一切從簡，連航廈也一併省略，直接在跑道旁辦登機手續。「其實他們都知道有幾個人會來坐飛機，所以也沒什麼好檢查了。」司機Paul在一旁補充，言下之意應該是，不必拿桃園機場的規格來比較，台灣隨便

性的規矩)，所以我們也提早來到機場。幸好跑道旁有間咖啡店可以讓我們稍微坐坐，打發等待的時間。

「趕快看，好漂亮的鳥！」一隻全身黃羽毛的小鳥飛來。這鄉下的迷你機場，小動物來去自如，田園風味濃厚。這隻小鳥甚至跳到我們桌上，竟然整個頭埋進糖罐裡大吃特吃起來。嘖，有沒有規矩啊？竟如此目中無人。

與Paul暫別之後，我們登上這好小的飛機。這種內陸航班一趟停好幾站，像公車一樣的感覺，所以當我們登機時，機上已經坐了8成的乘客，只留下最前排的座位。也因為這樣，我們的座位和駕駛的距離好近好近，儀表板看得一清二楚。

地面的風景也看得一清二楚。不論在哪個國家，不論地面上是城市或鄉間，從空中看地面，都是飛行途中的最大樂趣。拿出地圖，我推算著當時可能的位置。

「那個大概是奈瓦夏湖吧？」一個好大的湖，我推測那是半年前曾經造訪，並且搭船在湖面繞行一圈的地方。沒想到這次可以從完全不同的高度，意外地與這座湖重逢。

「那些圈圈是什麼？」奈瓦夏附近的鄉間，竟然出現好幾個巨大的綠色圓形，看起來應是農田。不過沒事弄成這麼大的正圓形，真不曉得是為了什麼理由？總不會又像南美洲的麥田圈一樣，硬要說是外星人搞的鬼吧！

隨著一個多小時的航程接近尾聲，窗外的影像也漸漸轉為我們記憶中馬賽馬拉的風景。大象、斑馬、獵遊車、馬賽村，以及趕著牛群的紅衣馬賽人。結束這段空中航行，我們迫不及待要再度踏上馬賽馬拉，這個就算特地搭飛機也要來一趟的動物天地。

赤道
的以上和以下

　　赤道從肯亞中部橫貫而過，主要的旅遊景點大致平均地分布在其兩側。也就是說，只要在肯亞走訪的景點夠多，應該就有機會跨過赤道。當地生意人自然不會放過這個做生意的機會，赤道旁的商店，多好的噱頭啊！就如同台灣一共有三個北回歸線標一般，肯亞的赤道標誌也不只一個。甚至可以說，凡是赤道經過的大馬路，一定可以看得到赤道標誌。

　　「那你們怎麼知道這條赤道是真的還是假的？」嗯，這個問題問得好。生活在21世紀的我們，首先想到的方式竟然是GPS，渾然不覺其實赤道是還沒有GPS的老祖宗就已經知道的東西。所以赤道上的店家，就需要比其它地方的店家多一道佐證的手續，來證明他們並不是隨隨便便畫條線，然後硬是唬人說那是赤道。

甚麼是分隔兩地，又能近在眼前？一只標示牌就說明了一切。

赤道

北半球

南半球

店老闆拿起底部打了洞的小水盆，先用手指把洞塞住，盆裡倒了水之後放開手指，要我們觀察水從小洞洩下的時候，盆裡產生漩渦的旋轉方向。為了方便觀察，他丟了一根火柴棒到盆子裡。從赤道往北半球走幾步，火柴棒順著漩渦，以順時針方向在盆子裡漂動；走到南半球反覆相同實驗，漩渦則變成逆時針方向。

頒發「到赤道一遊」證明書，旅客黃嘉文請出列領獎。

在這樣的地方，我們被迫複習中學時代地球科學上過的東西。造成南北半球漩渦方向不同的原理叫做「科氏力」，日常生活中可以見到的類似現象，就是把浴缸裡的水排掉時出現的漩渦。我們在北半球，所以漩渦一定是順時針方向。

其它像是天氣預報上看到的颱風旋轉方向也和這個有關。阿布岱爾森林散步時的導遊還告訴我們，甚至連樹木藤蔓的生長，都會因為科氏力的因素，而在南北半球呈現不同的扭轉型態。那時覺得發現科氏力的人好厲害，一定要很細心的人，才可能會注意到這麼細微的變化。

那，如果把小水盆拿到赤道上，實驗的結果又會變成如何？結果正如您所猜測的那樣：水盆裡不會產生漩渦。實驗完畢，付了表演欣賞費300先令(台幣約130元)，我們得到一張「到此一遊」的跨越赤道證明書。

我忽然想到手機內建了GPS，只是平常幾乎沒在用，因為用起來很不方便。不過難得來到赤道上，那麼就讓現代科技來幫忙驗證吧。

沒聽過「科氏力」？來，我表演給你們看……

「0°00′00″08N」，反而是GPS似乎有點誤差了。

左腳踩在北半球，右腳踩在南半球，我們實踐著「讀萬卷書，行萬里路」的精神，在這條地球的腰帶上，上了一堂活生生的地理實驗。

地球最深的
裂痕

亙古以前的地殼變動，彷彿要將非洲大陸扯成兩半似的，形成一道寬約數十公里、長達6千公里的凹陷，那姿態宛如一道長長的傷痕。聞名於世的地理景觀「東非大裂谷」，和赤道一樣並不是一個「點」，而是綿延甚長的景觀，所以可以居高臨下觀賞裂谷之美的地點，當然也不只一處。

初次造訪肯亞的第一天，在奈洛比短暫休息之後，立即驅車上路，經過1、2個小時的車程之後，很快地到達Limuru的山丘上。鄰近裂谷的高處，標高2,140公尺，是一個親身感受裂谷遼闊的好地方。

縱貫肯亞西部的這道裂谷，其實是肯亞經濟狀況相對較好的地方，這當然和當地較適合農作的氣候有關。走訪肯亞期間，我們見過馬賽馬拉的草原、見過山布魯處處荊棘的半沙漠地帶，卻唯有在靠近裂谷的路上，可以密集地看見路旁的茶園，盎然展現不同於其它地方的翠綠生機。

放眼望去，畫面和台灣的花東縱谷似乎有那麼幾分相似，規模卻又明顯大了許多。乾燥氣候下的大片土地上，小型聚落零星地分布。絕景當前，所有形容詞都顯得多餘，讚嘆成了當下唯一的反應。

關於這座裂谷究竟如何形成，目前比較普遍接受的推測，指向地球的板塊運動。遠古時代的盤古大陸，經長時間的破裂、漂移，慢慢形成地球現今的面貌。而這一系列的板塊運動，又以彷彿要將非洲大陸從中扯開的姿態，從而造成如今撕裂般的痕跡，北起位於約旦的死海，然後經過紅海、縱貫非洲東部，最後抵達莫三比克的海邊。

也許，裂谷會繼續變寬，直到非常久遠以後

的某一刻，非洲大陸真的被扯成兩半，東半部繼續東移，與阿拉伯半島形成相連的陸地，那時候的世界地圖，也將變成和現今全然不同的面貌。想像著這道裂谷的身世，遂有許多人形容：這是地球上最深的一道傷口。

觀景台旁邊就像一路上其它的休息站一樣，陳列著絲毫引不起我們興趣的動物木雕。趴蹉趴蹉走向觀景台的邊緣，望向裂谷對面明顯可見的山頭，谷地向左右兩邊延伸，直到遙遠不知何方的盡頭。

為相機換上了超廣角鏡頭，不過還是沒辦法囊括如此寬廣的視野。多拍幾張照片回來做成180度環景照，仍然只能將裂谷的壯闊留在原地。在此當下，大自然用一種美麗的方式，溫柔地展現其巨大的力量。如此巨大力量的長年拉扯，成就了一道既長且深的傷口，裂谷內高度較低的此處，則是傷口的深處。

然而，就如受過磨鍊的生命，承載著過往的痛楚，終將變得寬宏而堅韌。如果說，這道裂谷是地球上最深的傷口，那麼，這正是在遭受諸多磨鍊、容納強烈拉扯力量之後的結果。雖是一道無情的傷口，卻帶著一份獨特的美麗，包容而寬闊。

在此同時，這其實也是一道最美的傷口。

Part 3 城市紀行

大肥羊小心被 痛宰！

作為肯亞首都的奈洛比，同時也是進出東非的重要門戶。不過很弔詭的，許多觀光客來到肯亞，卻是努力地想減少待在奈洛比的時間。一來由於郊外的野生動物實在太吸引人，等不及要趕快去觀賞；再者則與奈洛比惡名昭彰的治安脫不了關係。

「好不容易來到肯亞，我們也想看看一些屬於這裡的東西啊，像是學校、教堂、車站、市集之類的。」離開阿布岱爾，準備返回奈洛比的路上，我們把這想法告訴司機 Jeremiah。2 人一輛車就上路的好處，就是行程可以不必受限於原本的計畫，只要在允許的範圍之內，就算臨時要變更，也是想怎麼改都行。

不過沒多久之後我們就後悔這麼要求了。更精確地説，其實並不是後悔，只是覺得應該把我們的要求描述得更清楚一些。Jeremiah 把車開到市中心的路旁，示意我們可以下車走走。那個路口的附近，有包括奈洛比市政大廳在內的好幾棟高樓。在這裡肯定會覺得肯亞並不像想像中的落後。

奈洛比市議會大樓。

低矮房子的區域,名為基貝拉(Kibera),以「非洲最大貧民窟」之稱而成名,但近年有人對當地人口數據提出質疑。

華僑在奈洛比經營的中國餐館「熊貓飯店」

「看到前面那棟建築了嗎?那個是奈洛比火車站。」導遊指著前面說。然後呢?我們心想。該不會因為之前跟Jeremiah說要看看當地的東西,結果就真的來火車站了?我們只是打個比方啊!其實其它像是學校、教堂和市集這些,才是我們比較想看的。

「要不要和我合照?」身旁不知不覺站了位大個兒。

「No!」在我還沒回過神之前,導遊已經先幫我回答了。原來這是世界上不少地方仍然存在的惡習,看到背著相機的觀光客,二話不說就先要求拍照,然後再強行索錢,而且要價通常還不低。

是心理作用嗎?在這不太友善的對話之後,還真令我們看什麼都覺得不順眼。行色匆匆的行人,簡直就像是一副逃難的樣子;路上的交通遠比台北車站前還亂,經過的公車載的乘客多到幾乎滿出來。更不用說路旁樹下站著的那群無所事事東張西望的人,我們實在沒辦法覺得他們是善類。但願這單純只是我個人對奈洛比的刻板印象。

第二次造訪肯亞時,有一個晚上是住在奈洛比,那天晚上我們當然就乖乖待在飯店裡不出門了,事實上幾乎所有旅遊書也都這麼提醒。透過窗戶,看著燈光閃熠的奈洛比夜景,我約略可以想見,奈洛比擁有「全非洲治安第二差」的惡名,其來有自。

什麼都賣
什麼都不奇怪

最新鮮的水果日報，買一份吧！

從奈洛比國際機場進入市區的道路，雙向各3線車道，幾乎和台灣的高速公路一樣寬，這麼寬的路竟然還常常動彈不得，可見車流量有多大。原本以為是因為上班時間的緣故，後來才發現，其它時段照樣塞，似乎也好不到哪裡去。

「台灣也會這麼塞嗎？」兩次肯亞之旅的司機，顯然都對這交通頗有微詞，不斷打聽我們國家是不是也一樣狂塞車，是的話也許可以讓心理稍稍平衡一些。

車陣中甚至穿梭著為數不少的行人。正確來說，不完全是行人，還有許多趁著塞車時兜售物品的小販，有點像是台灣馬路上賣玉蘭花的景象。奈洛比的小販不賣玉蘭花，賣的東西卻是五花八門，千奇百怪。最常見的商品是報紙。真的有

日頭赤焰焰，賣預付卡真難賺啊！

運將朋友，要不要買顆地球儀？你給我1千元，我給你全世界！

來買帽子喔！保證讓你坐車不會淋到雨！

買國旗就是愛呆丸……，
哦，愛肯亞啦！

駕駛人在車上看起報紙，反正塞在車陣裡頭也動不了，看看新聞
打發時間也好。

礦泉水。嗯，肯亞的氣候乾燥，這時補充點水分也
是應該的。

手機預付卡。大概是怕塞車時狂講電話，萬一不小心講到餘
額歸零吧！

毛巾。塞車時容易流汗，所以需要常常擦汗？

國旗。又不像毛巾一樣可以擦汗，賣這種東西做什麼？

肯亞國徽的徽章。老實說，我這個觀光客就不會想在這
種時候買這個。

世界地圖。賣奈洛比街道圖還差不多吧？

地球儀。肯亞人真有國際觀！

棺材。#$%&*……

什麼都賣，什麼都不奇怪，歡迎來到
奈洛比的「街頭百貨公司」，凡是您不
需要的、不想要的東西，這裡統統有。

有沒有人要買毛巾？
MIT的，品質保證喲！

老兄行行好，幫忙買點甚
麼吧！我快拿不動啦！

賣棺材喔！今天買1送1，划算啦！

走味的
傳統舞蹈

作為肯亞首都的奈洛比，同時也是整個國家的櫥窗，凡是屬於肯亞的，都可以在這個都市找到展示的地方。要看動物？請到奈洛比國家公園。要看史前文物？在國家博物館裡頭很多。想體驗非洲文化？當然就去非洲文化村(Bomas of Kenya)了。

進了表演場，裡頭是一個相當大的圓形舞台，觀眾席圍繞著舞台居高臨下。不曉得大老遠來到非洲，可以看到什麼樣的非洲傳統舞蹈？

「砰！砰！砰！……」伴隨著鼓聲，表演者陸續登場，一邊唱歌、跳舞，圍繞著圓形舞台繞圈子。唱歌的旋律當然不是我們習慣的現代音樂，跳舞的舞步看起來也很原始，雖然場邊沒有跟著介紹節目內容，不過大致還可以猜得出來，應該具有祈求平安、慶祝豐收的意涵吧？世界各地的傳統舞蹈似乎都脫離不了這層意涵的。

非洲文化村的節目，就如同肯亞民族數目那樣的多元，舞台上也接連演出不同舞蹈。在連著幾個節目之後，忽然有一個節目看起來不太一樣。「疊羅漢？」哇！疊到第四層，好強好強！「跳火圈！」還可以大玩點火加強版的凌波舞耶！

跳凌波舞不稀奇，
點火版的更厲害。

那個……請問貴舞團還有缺人嗎？我想應徵。

　　節目雖然刺激多了，可是總感覺有點怪，哪個民族的傳統舞蹈會這樣搞啊？這已經算是「特技」了吧？當然啦，這些疊羅漢、跳火圈的演出者真的是很厲害，或許因為表演特技比較有市場吧！

　　記得幾個月前，正好在台灣看過和這段一模一樣的特技演出，該不會是同一批人受邀到台灣去表演？老實說，那幾位黑人表演者，每個看起來長得都是一個樣子，我根本分辨不出來是不是相同的人。有些造訪過的人說，在非洲文化村，千萬不要期待看到真正的非洲文化。這我同意，畢竟成為一個觀光景點，為了迎合觀眾口味而讓內容大眾化時，其實也正是讓真正傳統走味的時候。

　　難怪那天欣賞演出的時候，觀眾對演出者賣力的表演似乎沒那麼感興趣，反而是原本坐在觀眾席前排，不斷在表演中途跑到台上閒晃的一個小孩，更吸引大家的目光，因為我們都在猜想，接下來這小孩會在台上怎麼耍寶……

這就是非洲版的疊羅漢，來賓請掌聲鼓勵！

奈洛比的國家博物館,館內展示許多史前及歷史文物。

一個非洲,許多故事

「是婚宴耶!」

「嗯,和電視上看到的庭園婚禮一模一樣!」

我們當然不是來喝喜酒的。事實上,這個場地是「凱倫博物館」的廣大庭園。凱倫博物館,也就是凱倫故居,丹麥小説家凱倫(Karen Blixen)曾經居住於此。榮獲1985年奧斯卡最佳影片的知名電影《遠離非洲》(Out of Africa),就是改編自凱倫的原著小説,內容描述她旅居肯亞期間的故事。

我沒看過這部電影,畢竟該片上演期間我年紀還小,不過後來還是常常有機會聽到電影的經典配樂。交響樂團奏出的悠揚樂聲,彷彿訴説著劇中主角遇到的一切,不論在婚姻上、事業上,從期待、築夢,到失意、遠離,許多的故事,就在這塊人稱「黑暗大陸」的非洲大地上演。

「那時候,我在非洲有座農場,就在Ngong山腳下。」(I had a farm in Africa at the foot of the Ngong Hills.) 凱倫用回憶的筆觸寫下的這段話,帶出了一段動人的故事。我走在已經成為博物館的凱倫故居,彷彿走進時光隧道一般,周圍環繞著20世紀初的歐風擺設。

凱倫博物館外停滿禮車及參加婚禮賓客的車輛。

凱倫故居。

　　地上擺著當作地毯的豹皮，應該是他們外
出打獵的戰利品吧？當年的凱倫大概無法理解，多年之後這些野生動物
竟因日漸稀少而不能再獵捕。而她在經歷許多悲劇之後黯然遠離非洲的心情，大老
遠來非洲看動物的我們也難以理解；門外正在參加婚宴那些盛裝的賓客，想必也不
甚理解。

　　一個非洲，不斷上演著這許多故事，這當中，有大喜之日的歡樂、有探索世界的驚
嘆、也有失意人生的悲痛。這麼多樣的不同心情，就在這一刻，匯集在這座安靜的
庭園裡。

凱倫故居的庭園，如今成為新人舉辦婚宴最佳場地。

Carnivore

這裡「食肉」才是王道

我飽了。

吃飽了記得把這旗子放倒。

這些全部是醬料。

「全非洲最頂級的飲食體驗」，這家餐廳的網頁這樣形容自己。說他們吹牛也好、自我膨脹也罷，不過那裡的烤肉口味還真是不賴，就算有天我真的可以吃遍非洲，想必也不容易找到足以超越的口味吧？

「這是烤牛肉，要不要品嘗看看？」手拿一長串烤牛肉的大鬍子服務生走來問我們。這種用餐方式，就是這家餐廳的一大特色。餐廳名叫「食肉動物」(Carnivore)，一看就知道是以供應肉類為主的餐廳。服務生會帶著一串烤好的肉到每一桌，想吃的話就當場削一塊到你的盤子裡。而一開始就端上桌的醬料，裝在分成兩層好幾格的容器，種類特多，看了簡直眼花撩亂。

用餐前空無一人的餐廳，用餐時間一到立刻座無虛席。

一踏進餐廳門口，就會看見這座獨特的烤肉爐。

吃的方式很豪邁，連烤肉架勢也很豪邁。

至於口味，那當然不在話下。那些平常吃得到的牛肉、豬肉，經由他們的料理之後，統統都變成絕品美味。難怪晚餐時間開始不多久，餐廳裡就座無虛席。既然是在非洲的肉食餐廳，有時當然會遇到一些比較特別的。

「這個是鱷魚肉，請問要嘗一點看看嗎？」當然要，在台灣從來沒吃過這個哩！問我鱷魚肉吃起來如何？嗯，骨頭多了些，但是口味還不錯。

服務生不斷在餐廳裡來來去去，一走近就會問你要不要吃點他手上的食物。這種吃法，當然很快就會被餵飽，如果怕撐破肚子，記得把桌上的小旗子放倒表示投降，要不然就算看起來明顯已經戰力歸零，服務生還是會繼續鍥而不捨地帶著烤肉串來打招呼。

妙的是，這家肉食餐廳，竟然也為了不吃肉的顧客準備了素食餐，不曉得素食餐的內容會是什麼。不過無論如何，來到肯亞，不妨也來這家餐廳，享受用最豪邁的方式大啖肉類的快感。

想吃的話，隨時可以請服務生削塊肉到盤子裡，不怕你多吃，就怕你吃不下。

衣索比亞
風味餐

肯亞的鄰國衣索比亞，在我們的印象中是個連年戰亂飢荒的國家，但是在肯亞，卻因為這層地緣關係，讓我們有機會品嘗所謂的「衣索比亞風味餐」。

因為在國家公園的飯店餐廳裡，天天都吃歐式好料，回到奈洛比之後，我們就想吃點比較不一樣的，最好是有當地特色的。於是我們來到這家餐廳，雖然不是什麼「肯亞小吃」之類的，不過衣索比亞畢竟就在肯亞隔壁，姑且就當作是體驗非洲口味囉！

「把餐廳最好的端上來吧！」隨行的嚮導Jim直接幫我們點菜了，但是這句點菜的台詞聽起來，Jim似乎也不在乎菜單裡頭到底有哪些菜色。

端上桌的是一個大盤子，裡頭分別放了7道菜，包括蔬菜、豆類、肉類，以及醬料。另外還有看起來像麵皮、吃起來酸酸的，名叫「銀介拉」(Injera)的東西。外加兩瓶飲料，這麼一來所有的菜就都到齊了，我們就暫時稱這道菜為「衣索比亞料理總匯」吧！

沒有餐具？對，就是直接用手拿起來吃，把「銀介拉」撕一塊下來，再自己從7道菜裡頭挑一些東西包起來配著吃。夠豪邁吧！以往聽到非洲食物的印象，是不是就是像這樣不用餐具，用手抓了就吃？店裡當然提供了洗手的地方，基本上還不必太擔心會

用手抓了吃，才有衣索比亞的味道。

高級的衣索比亞風味餐廳，庭園風超有fu。

吃壞肚子(手沒洗乾淨或胃腸對食物不適應者除外)。

　　不過可別以為只有落後地區才這麼吃。這家餐廳從一進門，散置在庭園裡充滿休閒氛圍的雅座，到店內的裝潢擺設，顯示出它的水準等級在當地絕非普通。價格雖然沒有台灣高檔餐廳嚇人，但以當地的物價水準來看應該也不便宜。

　　口味還不差！當然我也相信，真正傳統的吃法，食物料理應該不會像這裡這樣講究，更不可能像我們一樣搭配可樂當飲料。所以，這餐就當作是不同於慣常飲食的一次體驗吧！

牛肉

沙拉

雞蛋

羊肉

馬鈴薯與胡蘿蔔

Injera
以衣索比亞畫眉草為原料製成的餅皮，是衣索比亞的主食，用手撕一小塊，包起佐料之後，直接送進嘴裡，不用餐具。

Wot(肉類與豆類混製而成的醬料)

雞肉　　甘藍

把肯亞帶回家！

　　出門旅遊的時候，其實我們都不是很熱衷於採購，所以每當聽說有人出國可以血拼到必須多買一個皮箱來裝，總是覺得很不可思議。只是畢竟是飛行十幾個小時才到得了的地方，沒帶點什麼回家似乎也說不過去，即使肯亞事實上並不是所謂的「血拼天堂」。

　　雖然在肯亞主要的旅遊活動是觀賞動物，不過可以帶回家當作紀念的東西，卻和這些動物一點關係也沒有。早年來肯亞的獵人可能帶著象牙豹皮之類的戰利品回家，今天要是膽敢帶一根動物骨頭的話，那可是會觸法的，所以現在最適合買回家的特產，當然就是茶和咖啡了。

　　於是我們在即將返國的前一天，就特地安排一段時間去逛奈洛比的大賣場。大賣場雖然很沒有出國採購的氣氛，不過卻挺有在地人的感覺，彷彿在逛賣場的同時，有那麼幾分鐘假裝自己像肯亞人一樣，不是嗎？

　　當然賣紀念品的地方絕對不只一處，像是在各個國家公園，前往各景點途中的休息站，幾乎都會擺出許多雕刻品，雕刻的

描述肯亞庶民生活的木雕品。
(加利利旅行社提供)

咖啡和茶葉是肯亞最著名的經濟作物，可以買一些帶回來，送禮自用兩相宜。

充滿非洲風情的裝飾布。(加利利旅行社提供)

畫了非洲地圖的圓形石板，帶回來作為「到此一遊」的紀念。

主題多半是動物，或是屬於各民族的圖騰。大大小小的木雕品擺滿整個店面，看起來頗為壯觀。只不過我們幾乎沒在這些地方買過紀念品就是了。

　　主要的原因，一方面因為這些雕刻品實在不是我們的菜，另一方面也因為不喜歡當地普遍的議價文化。習慣了不二價的交易模式，總覺得買個紀念品還要討價還價，實在是很浪費生命。有人說在那裡殺價要從3折起跳，不過我覺得，就算真的用這個低價入手好了，心裡也未必舒坦，恐怕還是會有「買貴了」的顧慮吧？

　　於是乎，走過無數個休息站，我們實際下手的只有畫了非洲地圖的一塊圓形石板，以及一顆雞蛋形狀的石頭。最起碼這東西一目了然，一看就知道我們真的到非洲玩過一趟。各地擺出來的商品，有些動物雕刻其實還挺可愛的，如果您有機會到肯亞一遊，有興趣的話也不妨看看，順便展現平時幾無表現機會的殺價功力。

跨越赤道證書，上面竟然還煞有其事的蓋上發行單位的章。

搭完熱氣球平安降落之後，可榮獲獎狀一張，以茲紀念。

肯亞概況

正式國名：肯亞共和國(Republic of Kenya)

首　　都：奈洛比(Nairobi)，也是肯亞最大城市

國　　旗：由上而下分別為黑色、紅色、綠色，之間
以白線區隔，中間有馬賽戰士所持盾牌
與矛的圖樣。黑色代表眾多的人口，紅色代表爭取自由所流的鮮血，綠色
代表自然的財富，白色代表和平，盾牌與矛代表捍衛自由

國 慶 日：12月12日(1963年12月12日自英國獨立)

官方語言：英語、史瓦希利語

人　　口：40,046,566人 (2010年7月)

主要宗教：基督教(45%)、天主教(33%)、伊斯蘭教(10%)、傳統信仰(10%)、其它(2%)

地理條件

位　　置：非洲東部，東臨索馬利亞與印度洋，西臨烏干達及維多利亞湖，南臨坦桑
尼亞，北與衣索比亞及蘇丹為界

面　　積：580,367平方公里(台灣的16倍大)

最高點：肯亞山，海拔5,199公尺

氣　　候：熱帶氣候。沿海地區較為濕熱，內陸高原較為涼爽乾燥。氣溫上的季節性
變化不大，每年4～6月為雨季，7～11月為乾季，且為旅遊旺季

參觀野生動物園區的注意事項

1. 一般野生動物園區的開放時間是06:00～18:00，這是為了避免遊客夜間發生危
險，也為了避免人類打擾動物的夜間活動。

2. 進入野生動物園區進行獵遊活動時，必須留在車內。若動物靠近，切勿大聲叫
嚷，以免動物以為人類要攻擊，反而進一步攻擊人與車。

3. 不可以為了近距離觀察或攝影，而將車開離車道或下車走近動物，甚至以食物引
誘，這是非常危險的舉動。

4. 不可以在園區留下垃圾或食物。

5. 肯亞的法令禁止捕殺動物。觀光客有義務遵循規定，避免破壞當地的生態。

國際旅遊資訊

時區：UTC＋3，比台灣慢5小時，無夏令時間

貨幣：肯亞先令(Kenyan Shilling, KSh)

匯率：自2003年至2010年間，平均約為US$1＝KSh74-78，和新台幣可用1：2的比例快速換算(NTD1≒KSh 2)

通訊：撥電話回台灣通話費昂貴，有些地方會加收服務費400%。可在奈洛比購買電話卡，比用飯店電話撥打便宜，但在國家公園內無法使用

電壓：220/240V

插座：三角插座

治安：除了首都奈洛比之外，肯亞的治安情況一般而言良好，但為了安全考量，貴重物品宜盡量寄放飯店，入夜後不要單獨外出

衛生：水不可生飲，請飲用礦泉水

小費：可準備小額美金支付小費，每間房每天1美元，行李進出旅館每件1美元

簽證：持中華民國護照，且護照效期6個月以上者，可辦理落地簽證，每人每次50美元。台灣旅客的簽證不會貼在護照，而是貼在另一張紙上，離境時收回

車行方向：靠左行駛

從肯亞撥電話回台灣：000-886-區域號碼(去掉0)-電話號碼

從台灣撥電話到肯亞：002-254-電話號碼

行李準備

必備文件：

- 機票、護照、出入境表格、落地簽費用(每人50美元)、預防注射黃皮書
- 行程表、班機飯店一覽表、保險單

必備物品：

- 現金(美元為主)、信用卡
- 換洗衣物、厚／薄外套、泳裝、室內拖鞋
- 個人藥品、急救包、針線盒
- 遮陽帽、防曬用品、太陽眼鏡、輕便雨具、口罩、防蚊蟲藥膏、水壺
- 盥洗用具(牙刷／牙膏／毛巾)、手帕／紙巾、梳子、刮鬍刀、保養品
- 望遠鏡、相機／攝影機、底片／記憶卡、充電器、電池、轉換插頭
- 贈送當地友人的小禮品

肯亞的6種玩法

🐾 旅行團的玩法

Day 1 台北→香港或曼谷轉機→ **Day 2** 曼谷→奈洛比→奈瓦夏湖(Naivasha)→

Day 3 奈瓦夏湖→馬賽馬拉(Masai Mara)→ **Day 4** 馬賽馬拉→

Day 5 馬賽馬拉→納庫魯湖(Nakuru)→ **Day 6** 納庫魯湖→阿布岱爾(Aberdare)→

Day 7 阿布岱爾→奈洛比→搭乘深夜班機往曼谷→ **Day 8** 香港或曼谷→台北

推薦原因

基本款的行程，肯亞最熱門、最精華的景點都在其中，推薦給初次造訪肯亞的朋友。

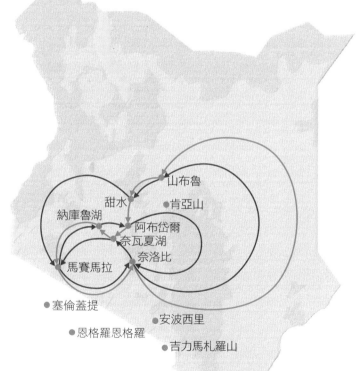

🐾 有過一次經驗後的玩法

Day 1 台北→香港或曼谷轉機 → **Day 2** 曼谷→奈洛比→山布魯(Samburu) →

Day 3 山布魯 → **Day 4** 山布魯→甜水 (Sweetwaters) →

Day 5 甜水→Nanyuki搭內陸航班→馬賽馬拉 → **Day 6** 馬賽馬拉→

Day 7 馬賽馬拉→搭內陸航班回奈洛比 →

Day 8 奈洛比→搭乘深夜班機往香港或曼谷 → **Day 9** 香港或曼谷→台北

推薦原因

玩過一次仍意猶未盡，可以量身打造第二次行程。推薦前往較北邊的山布魯、甜水，那裡有細紋斑馬、網紋長頸鹿等少見的動物品種。此外，馬賽馬拉值得再去一次，或是考慮改成同為草原型態的安波西里。

🐾 首次前往最精簡的玩法

Day 1 台北→香港或曼谷轉機 → **Day 2** 曼谷→奈洛比→山布魯 →

Day 3 山布魯 → **Day 4** 山布魯→甜水 **Day 5** 甜水→阿布岱爾 →

Day 6 阿布岱爾→奈瓦夏湖 → **Day 7** 奈瓦夏湖→納庫魯湖 →

Day 8 納庫魯湖→馬賽馬拉 → **Day 9** 馬賽馬拉→

Day 10 馬賽馬拉→奈洛比→搭乘國際班機往香港或曼谷 →

Day 11 香港或曼谷→台北

推薦原因

如果希望一次走完上述2個行程，扣掉來回航程及重覆的地點之後，這樣子算是最精簡的行程。

🐾 不想拉車的省力玩法

Day 1 台北→香港或曼谷轉機→ **Day 2** 曼谷→奈洛比→搭內陸航班至馬賽馬拉→

Day 3 馬賽馬拉→ **Day 4** 馬賽馬拉→ **Day 5** 馬賽馬拉→

Day 6 馬賽馬拉→搭內陸航班回奈洛比→搭乘國際班機往香港或曼谷→

Day 7 香港或曼谷→台北

推薦原因

你沒看錯，從頭到尾就只有馬賽馬拉一個地方。不要笑，真的有人這樣玩。試想，把拉車時間全部省下來，在動物最豐富的馬賽馬拉最起碼可以安排多達8次獵遊，還怕看不到動物嗎？

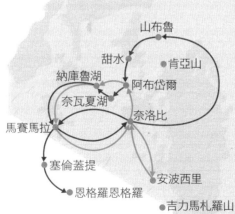

超有閒的夢幻玩法

Day 1 台北→香港或曼谷轉機→ **Day 2** 曼谷→奈洛比→山布魯→

Day 3 山布魯→ **Day 4** 山布魯→甜水→ **Day 5** 甜水→阿布岱爾→

Day 6 阿布岱爾→奈瓦夏湖→ **Day 7** 奈瓦夏湖→納庫魯湖→

Day 8 納庫魯湖→馬賽馬拉→ **Day 9** 馬賽馬拉→

Day 10 馬賽馬拉→坦桑尼亞賽倫蓋提 (Serengeti)→ **Day 11** 賽倫蓋提→

Day 12 賽倫蓋提→恩格羅恩格羅 (Ngorongoro)→ **Day 13** 恩格羅恩格羅→

Day 14 恩格羅恩格羅→搭機返回奈洛比→搭乘國際班機往香港或曼谷→

Day 15 香港或曼谷→台北

推薦原因

時間實在太多的人，也可以考慮一趟走遍全部重要景點，乾脆也順道去坦桑尼亞走走。這個比牛羚大遷徙的路徑還大圈的行程，保證超過癮。

可以親近最高山的玩法

Day 1 台北→香港或曼谷轉機→ **Day 2** 曼谷→奈洛比→安波西里 (Amboseli)→

Day 3 安波西里→ **Day 4** 安波西里→奈洛比 **Day 5** 奈洛比→阿布岱爾

Day 6 阿布岱爾→納庫魯湖→ **Day 7** 納庫魯湖→馬賽馬拉→

Day 8 馬賽馬拉→ **Day 9** 馬賽馬拉→奈洛比→搭乘國際班機往香港或曼谷→

Day 10 香港或曼谷→台北

推薦原因

特點在於將安波西里排入行程。安波西里和馬賽馬拉一樣屬於草原型態，最大的特色是距離吉力馬札羅山很近，可以一睹非洲最高峰的風采。

健康與安全

有健康的身體才能玩得盡興，記得多花點心思預防可能危害健康的狀況，確保快快樂樂出門，平平安安回家。

個人健康方面

本身若有慢性疾病，出國前請備足夠藥量。若需攜帶針劑胰島素、氣喘噴劑等特殊劑型的藥物，可請醫師開立診斷證明，以向航空公司出示。亦可請醫師開立英文版的病歷摘要，以備不時之需。另外可酌量攜帶簡單的醫療用品與常備用藥，例如針對腹瀉等症狀的胃腸藥。

肯亞白天陽光強烈，必須做好防曬，適當補充水分。早晚溫差大，所以厚、薄外套都需要準備。許多疾病會透過蚊蟲叮咬傳染，除了穿長袖衣褲、使用蚊帳以外，若要使用防蚊液，記得使用含有DEET成分的(濃度5～50%)，這是國際公認驅除瘧蚊最有效的成分。

安全方面的問題

出國之前，宜留意外交部領事事務局發布的相關訊息，若有天災、戰爭、動亂、重大流行病等狀況，則應考慮暫緩前往。此外，奈洛比的治安不佳，入夜後宜避免外出。

防疫措施

肯亞為多種熱帶疾病的流行區域，在前往旅遊的前4～6週，最好先至醫院的旅遊門診諮詢，接種必要的疫苗，並準備防疫用的藥物(如預防瘧疾用的奎寧)。旅行途中或回國後，如有身體不適仍需就醫，並告知旅遊史。

例行性接種疫苗

以下疾病在台灣已受到有效控制，但其它國家仍傳出疫情，如B型肝炎、白喉、百日咳、破傷風、小兒麻痺、卡介苗、麻疹、腮腺炎、德國麻疹、日本腦炎等疾病，如果過去未依年齡接種疫苗，建議先補接種。

黃熱病

前往肯亞旅遊之前，建議先接種黃熱病疫苗。黃熱病是一種急性病毒性疾病，分布於非洲及中南美洲的熱帶地區，主要係透過帶有黃熱病病毒的蚊子叮咬而感染，潛伏期約3～6天，初期症狀包括發燒、肌肉疼痛、頭痛、寒顫、食慾下降、噁心、嘔吐等，大部分病患3、4天後症狀會改善，但也有約15%的病患，病情反而轉劇，再度發燒並出現黃疸及出血徵候。一旦進入惡化階段者，死亡率高達50%。此病目前無特效療法，但可透過接種疫苗預防。

黃熱病疫苗接種共一劑，接種後10天才會生效，出國前必須預留充足的時間。許多國家會在來自黃熱病流行地區的旅客入境時，要求提出「預防黃熱病注射證明書」，如果不適宜接種疫苗的話(如發燒、孕婦、對疫苗成分過敏者)，應向醫師索取不適合注射的證明書。

A型肝炎

A型肝炎是一種廣泛分布於全世界的急性傳染病,由A型肝炎病毒(HAV)引起,接觸受污染的食物或水就有可能受到感染。潛伏期約2～6週,會引起發燒、腹痛、噁心、嘔吐、腹瀉、倦怠、黃疸等症狀。

由於台灣本身也是盛行區域,很多人因為曾受感染,原本就有A肝抗體。如果沒有A肝抗體,可考慮接種疫苗。若本身為B肝或C肝帶原者,仍可考慮接種疫苗,不過就算已經接種疫苗,前往肯亞旅遊時,飲食方面仍然必須留意,水龍頭的水絕對不可生飲,路旁販賣的水果衛生上亦有疑慮,最好還是避免。

瘧疾

肯亞境內海拔2,500公尺以下的地區皆有機會感染瘧疾。瘧疾是透過瘧蚊叮咬傳播,所以應預防蚊子叮咬。瘧疾的主要症狀包括惡寒、高燒、出汗,早期常被誤認為感冒,嚴重者可能造成黃疸、肝、腎衰竭、急性腦病,甚至可能致命。在旅遊期間或旅遊後,如果出現間歇性發燒、寒顫,或是其它類似感冒的症狀,宜迅速就醫,同時告訴醫師旅遊史及是否曾服用藥物。

奎寧類是預防及治療瘧疾的主要藥物,建議大家服用,但非洲的瘧原蟲對氯奎寧(Chloroquine)具有抗藥性,所以必須使用其它藥物,例如美爾奎寧(Mefloquine),出發前2～3週開始吃,每週口服一顆(250mg),離開流行地區之後再繼續吃4週。另外亦可選擇Doxycycline、Malarone等藥物。如果預計停留在流行地區的時間超過3個月,則不建議服用預防藥物,最好能先瞭解當地的醫療資源與相關症狀,一旦有感染的疑慮,盡速就醫。

流行性腦脊髓膜炎

撒哈拉沙漠南緣為流行性腦脊髓膜炎的盛行區域,包括肯亞最北部一帶。肯亞旅遊地點幾乎都在南半部,所以一般旅客感染的機會並不高。此病是由腦膜炎球菌感染所引起,藉由接觸病人的飛沫或鼻咽部分泌物而傳染,多半沒有明顯症狀,但少數人會發展為嚴重的菌血症,未經適當治療的致死率可達8～15%。

狂犬病

幾乎全世界各地都有狂犬病的病毒分布,尤其是亞洲與非洲。狂犬病是一種急性病毒性腦脊髓膜炎,主要透過患有狂犬病的動物抓、咬而感染。潛伏期3～8週,初期出現類似感冒的症狀,接著發展為興奮、恐懼,甚至麻痺、吞嚥困難、咽喉肌肉痙攣,最後合併精神錯亂及抽搐等現象。一旦病毒侵犯中樞神經,致死率幾乎達到100%。防疫重點在於避免遭動物咬傷或抓傷,只要依照嚮導指示,嚴禁接近動物,遭受感染的機率其實極低,接種疫苗的必要性相對不大。

野性肯亞的華麗冒險

作　　者　黃嘉文·吳盈光

總 編 輯　張芳玲
書系主編　張敏慧
特約編輯　謝樹華
封面設計　陳淑瑩
內頁設計　陳淑瑩

TEL：(02)2836-0755　FAX：(02)2831-8057
E-mail：taiya@morningstar.com.tw
郵政信箱：台北市郵政53-1291號信箱
太雅部落格：http://taiya.morningstar.com.tw

發 行 所　太雅出版有限公司
　　　　　行政院新聞局局版台業字第五○○四號

承　　製　知己圖書股份有限公司　台中市407工業區30路1號
　　　　　TEL：(04)2358-1803

總 經 銷　知己圖書股份有限公司
　　　　　台北公司 台北市羅斯福路二段95號4樓之3
　　　　　TEL：(02)2367-2044　FAX：(02)2363-5741
　　　　　台中公司 台中市工業區30路1號
　　　　　TEL：(04)2359-5819　FAX：(04)2359-5493
　　　　　郵政劃撥 15060393
　　　　　戶　　名 知己圖書股份有限公司

廣告刊登　太雅廣告部
　　　　　TEL：(02)2836-0755　E-mial：taiya@morningstar.com.tw

初　　版　西元2010年12月01日
定　　價　270元
(本書如有破損或缺頁，請寄回本公司發行部更換；或撥讀者服務部專線04-2359-5819)

ISBN　978-986-6629-91-4
Published by TAIYA Publishing Co.,Ltd.
Printed in Taiwan

國家圖書館出版品預行編目資料

野性肯亞的華麗冒險／黃嘉文, 吳盈光著.
--初版.--臺北市：太雅, 2010.12
面；　公分. --(世界主題之旅；66)

ISBN 978-986-6629-91-4 (平裝)

1.遊記 2.肯亞

765.69　　　　　　　　　99021339

以下問題有星星符號＊者，必填，並以正楷填寫清晰。

這次購買的書名是：**野性肯亞的華麗冒險**

(世界主題之旅066)

＊1、姓名：_____ 性別：□男 □女

2、生日：民國_____年_____月_____日

＊3、您的電話：_____

＊4、E-Mail：_____

＊5、地址：□□□□_____

6、您的職業類別是：□製造業 □金融業 □傳播業 □服務業 □自由業 □商業
□家庭主婦 □教師 □軍人 □公務員 □學生 □其他_____

7、每個月的收入：□18,000以下 □18,000～22,000 □22,000～26,000
□26,000～30,000 □30,000～40,000 □40,000～60,000 □60,000以上

8、您是如何知道這本書的出版？□_____報紙的報導 □_____報紙的出版廣告
□_____雜誌 □_____廣播節目 □_____網站 □_____書展
□逛書店時無意中看到的 □朋友介紹 □太雅出版社的其他出版品上

9、讓您決定購買這本書的最主要理由是？□封面看起來很有質感 □內容清楚，資料實用
□題材剛好適合 □價格可以接受 □資訊夠豐富 □內頁精緻 □知識容易吸收
□其他_____

10、您會建議本書哪個部分，一定要再改進才可以更好？為什麼？
_____

11、您是否已經照著這本書開始操作？使用這本書的心得是？有哪些建議？
_____
_____
_____

12、您最常看什麼類型的書？□導覽式的旅遊工具書 □旅行文學 □生活美學
□國內休閒情報 □心靈類 □流行時尚 □人際關係與溝通 □職場技能
□其他類型的生活資訊_____

13、您計畫中，未來想要旅行的城市是？1._____ 2._____
3._____ 4._____ 5._____

14、您平常隔多久會買書？ □每星期 □每個月 □不定期隨興

15、您是在什麼地方買到這本書的？□_____連鎖書店 □_____傳統書店
□_____便利超商 □_____網路書店 □其他_____

16、哪些類別、哪些形式、哪些主題的書是您一直有需要，但是一直都找不到的？
_____

17、您曾經買過太雅其他哪些書籍嗎？
_____

填表日期：_____年_____月_____日

太雅出版社　編輯部收

10699 台北郵政53～1291號信箱
電話：(02)2836-0755

傳真：**02-2831-8057**
(若用傳真回覆，請先放大影印再傳真，謝謝！)

太雅出版社

有品味的生活學習，從太雅出版社開始